What I Wish I Knew When I Was 20

20歳のときに
知っておきたかったこと

スタンフォード大学 集中講義

ティナ・シーリグ

高遠裕子：訳
三ツ松新：解説

阪急コミュニケーションズ

WHAT I WISH I KNEW WHEN I WAS 20 :
A Crash Course on Making Your Place in the World
by Tina Seelig

cover photo：Johner
装丁・本文デザイン：轡田昭彦／坪井朋子

ジョシュへ
20歳の誕生日に

20歳のときに知っておきたかったこと　目次

第1章

スタンフォードの学生売ります

自分の殻を破ろう

いま、手元に五ドルあります。二時間でできるだけ増やせと言われたら、みなさんはどうしますか？　これは、わたしがスタンフォード大学で実際に学生に出した課題です。クラスを一四チームに分け、各チームには、元手として五ドルの入った封筒を渡します。課題にあてられる時間は水曜日の午後から日曜日の夕方まで。このあいだ、計画を練る時間はいくら使ってもかまいませんが、いったん封筒を開けたら、二時間以内にできるだけお金を増やさなくてはいけません。各チームには、実際にどんなことをしたのかを一枚のスライドにまとめ、日曜日の夕方提出してもらいます。そして、月曜日の午後、チーム毎に三分間で発表してもらいます。学生たちに起業家精神を発揮してもらおう――常識を疑い、チャンスを見つけ、限られた資源を活用し、創意工夫をしてもらおうというわけです。

おなじ課題を出されたら、みなさんならどうしますか？　いろんなグループにこの質問をすると、たいてい「ラスベガスに行く」とか、「宝くじを買う」と言う人が出てきます。ドッと笑いが起きます。こういった人たちは、それなりのリスクを取って大金を稼ぐという、ごくごく低いチャンスに賭けているわけです。次によくあるのは、五ドルで道具や材料を揃えて、「洗車サービスをする」、あるいは「レモネード・スタンドを開く」といった答えです。二時間のあいだに、使ったお金よりも多少儲けようという人にとっては、それもいいでしょう。ですが、わたしが教えた学生のほとんどは、こうしたありきたりな答えのはるかに上を行く方法を見つけました。できるだけ多くの価値を生み出そうと、課題に真剣に向き合い、常識を疑った結果——豊かな可能性に気づいたのです。

どんなやり方をしたのでしょう？ じつは、大金を稼いだチームは、元手の五ドルにはまったく手をつけていません。お金に注目すると、問題を狭く捉えすぎてしまうことに気づいたのです。五ドルは、あってないようなもの。そこで、問題をもっと大きな観点で捉え直すことにしたのです。元手がないのにお金を稼ぐには、どうすればいいのか？ 学生たちは観察力を磨き、持てる力を駆使し、創造力を発揮し、身近な問題を発掘しました。自分や他人が経験したことのある問題、気づいてはいたけれど、そのときは解決しようとは思わなかった問題です。いつも身近にあるのに、とくに意識していなかったものでもあります。こうした問題を掘り起こして、解決しようとつとめた結果、多いチームでは、六〇〇ドル以上を稼ぎ出しました。五ドルの投資リターンは、クラスの平均で四〇〇〇パーセントにもなりました。多くのチームが元手に手をつけていないことを考慮すると、リターンは無限大とも言えます。

では一体、彼らは何をしたのでしょうか？ どのチームも、じつによく工夫していました。あるチームは、学生街でよくある問題に目をつけました。土曜の夜になると、人気のレストランには長蛇の列ができます。並んで待つのはイライラするものです。そこで、列に並びたくない人のお役に立とうと考えたのです。学生はまず二人一組になって、いくつかのレストランに予約を入れます。予約の時間が近づくと、長時間待ちたくない人たちにこの席を売るのです。最高二〇ドルで売れました。

少しすると、面白いことに気づきました。男子学生よりも女子学生の方が、予約席がよく売れるのです。並んでいる人たちも、うら若き女性に声をかけられた方が安心なのでしょう。そこで、当初の計画を変え、男子が手分けしてレストランを予約し、女子が列に並んでいる人に席を売ることにしました。もうひとつ気づいたことがあります。この作戦がとくにうまくいったのは、待っている客に無線端末を持たせて、席が用意できると知らせるレストランでした。客は、レストランから配られた自分の端末と、学生が持っている端末を交換すると、何か確かなものにお金を払ったような気になれます。学生は学生で、順番が近づいて鳴りそうな端末をまた別の客に売ることで、ボーナスを稼ぐことができました。

もっと単純な方法をとったチームもあります。あるチームは、学生会館の真ん前で、自転車のタイヤの空気圧を無料で調べることにしました。必要なら一ドルで空気を入れます。じつは、それほど遠くない場所にガソリンスタンドがあり、そこまで行けば、自分で簡単に空気を入れられます。当初、このチームは、仲間の学生の気の良さにつけこむことになるのではと考えていました。ですが、最初の二、三人の客が帰った後、利用者が思いのほか喜んでくれたことに気づきました。近くにタダで空気を入れられる場所があり、やり方もむずかしくないのに、このサービスが重宝がられたのです。それで、どうしたか？　二時間の制限時間が半分ほど過ぎた時点で、料金を請求するのをやめ、寄付をお願いする作戦に変えたのです。これで、収入が一気に増えました。決まった額を請求したときよりも、「無料でサービスするのでお気持ちをください」、と言ったときの方が、実入りがはるかに多かったのです。このチームも、レストランを予約したチームも、途中で軌道修正したことが功を奏しました。客の反応を見て対応を微妙に変えたことで、作戦が見事にツボにはまったのです。

両チームとも数百ドルを稼ぎだし、クラスメートにもそれなりに感心されました。ですが、いちばん多くを稼いだのは別のチームでした。自分たちが使える資源は何なのか？まったく違うレンズで見て、六五〇ドルを稼ぎ出しました。もっとも貴重な資源は、五ドルでもなければ、二時間でもない。月曜日の三分間のプレゼンテーションこそがいちばん貴重だと、閃いたのがミソでした。そこで、クラスの学生を採用したいと考えている会社に、その時間を買ってもらうことにしたのです。プレゼンテーションは本来、自分たちがしたことを発表する時間ですが、このチームは、会社のコマーシャルを製作して上映しました。とてもいいできでした。自分たちにはかけがえのない資産がある——そのことに、学生たちは気づいたのです。ほかの人たちが気づきもしなかった資産、すぐ目の前にある資産でした。

ほかの一一のチームも、それぞれに気の利いた方法を見つけました。年に一度の学生主催の舞踏会で、記念写真の撮影サービスをしたチームもあれば、「両親の日」に地元で評判のレストランのマップを作って売ったチームもありました。特製Tシャツをクラスメートに売ったチームもありました。ひとつだけ、五ドルをパーにしたチームがありました。雨の日にサンフランシスコの街中で傘を売ろうとしたのですが、売り出した直後にすっかり雨が上がったのです。そして、そう。ありがちな洗車サービスやレモネード・スタンドを開いたチームもありました。この二チームのリターンは、クラスの平均を大きく下回りました。

学生に起業家精神とはどういうものかを教えるうえで、この「五ドルの挑戦」の試みはそこそこうまくいったと思います。でも、多少、後味の悪さが残りました。価値がつねに金銭的報酬で測られると印象づけたくはなかったからです。そこで、つぎに課題を出すときには、ひとひねりしました。封筒には五ドルではなく、一〇個のクリップを入れました。そして、「これから五日間、封筒を開けてから四時間のあいだに、このクリップを使って、できるだけ多くの『価値』を生み出してください」と指示しました。価値はどんな方法で測っても構いません。ヒントにしたのは、カイル・マクドナルドの物語です。そう。赤いクリップ一個から、物々交換を重ねて一軒の家を手に入れた、あの話です。[*1] カイルはブログを立ち上げて進行状況を報告し、物々交換に応じてくれるよう広く呼びかけました。一年かかりましたが、一歩一歩積み重ねて、ついにゴールに到達しました。まず赤いクリップを魚の形のペンと交換しました。そのペンをドアノブと交換し、さらにドアノブをコールマン製のキャンプ・ストーブに変えました。こうして一年のあいだに、ゆっくりとではあるけれど着実にモノの価値は上がりました。そして、ついに念願のマイホームを手に入れたのです。カイルがたった一個のクリップから、ここまでやってのけたことを思うと、一〇個のクリップを渡したわたしは、なんと気前がいいのだろう。そう思っていました。課題は木曜日の朝出して、翌週の火曜日に発表してもらうことにしていました。

ところが、土曜日になる頃には、ちょっとやり過ぎたかもと心配になってきました。収拾がつかなくなるかもしれないと思い、失敗の経験として覚えておくことにしようとも考えました。でも、こうした不安は杞憂でした。七つのチームはそれぞれ、「価値」をユニークな方法で測っていました。あるチームは、クリップを新しい通貨に見立て、できるだけ多くのクリップをかき集めました。別のチームは、クリップを繋げた最長記録が二二マイルであることを突き止め、この記録を破ろうと考えました。友人やルームメート、地元の店や企業に計画を説明して回り、クリップをかき集めました。そして、ひとつに繋げたクリップの山を抱えて教室に現れました。課題が終わった後も、世界記録への挑戦を続けようとする姿に、おなじ寮の学生たちは刺激を受けたようでした（記録は破れませんでしたが、このチームが大きなエネルギーを生み出せたのはたしかです）。

いちばん面白かったチームは、プレゼンテーションで、こちらを挑発するように最初に短いビデオを流しました。ＢＧＭに大音量の「バッド・ボーイ」が流れる映像には、クリップでカギをこじあけて学生寮に忍び込み、大量のサングラスや携帯電話、パソコンを盗み出す様子が映っていました。眩暈がしそうなわたしに、「いまのは冗談です」と笑って、学生は本物のビデオに差し替えました。このチームはまず、クリップをポスター・ボードと交換し、近くのショッピング・センターに立てかけました。貼り紙には、こう書かれていました。「スタンフォードの学生売ります――一人買えば、一人はオマケ」。これを見た人たちからの依頼に、驚いたのは学生の方でした。最初は、重い荷物を持って欲しいという、買い物客からのごくふつうの依頼でした。洋品店からはリサイクル品の引き取りを頼まれました。極めつけは、仕事で行き詰まっている女性からの依頼で、ブレイン・ストーミングに付き合ってくれ、というものでした。この女性は、使っていないパソコン用のモニターを三台、お礼にくれたそうです。

わたしは元手となる素材を、クリップからポストイットやゴムバンド、ミネラルウォーターに変えて、何年もおなじような演習を続けました。学生たちは、限られた時間と資源を使って、毎回、アッと驚くことをやってくれました。その成果は、当人たちの予想をはるかに超える広がりをみせました。たとえば、ポストイット一冊から、共同音楽プロジェクトや心臓病について啓蒙するキャンペーン、省エネを呼びかける公共広告「コンセントを抜きましょう」が生まれました。その後、この演習は発展し、「イノベーション・トーナメント」として現在まで続いています。この大会には、世界中から何百ものチームが参加しています。[*2]参加者は、この大会を、自分の身の回りを新鮮な目で見て、裏庭にチャンスを見つける機会と捉えています。そして、当たり前とされていることを疑うことによって、何もない状態から莫大な価値を生み出しています。ポストイットの冒険は全編映像に収められ、これをもとに本格的なドキュメンタリー『イマジン・イット』[*3]が作られました。

ここまで述べてきた演習の成果から、意外な点がいくつも浮かび上がります。第一に、チャンスは無限にあります。いつでも、どこでも、周りを見回せば、解決すべき問題が目に入ります。人気のレストランで席を確保するとか、自転車のタイヤに空気を入れるといった、ささやかな問題もあれば、誰もがよく知っている大きな問題、世界的な広がりを持つ問題もあります。サン・マイクロシステムズの共同創業者で、ベンチャー・キャピタリストとしても成功をおさめたビノッド・コースラは、明快にこう言っています。「問題が大きければ大きいほど、チャンスも大きい。大して問題でないものを解決しても、誰もカネを払ってはくれない」[*4]

第二に、問題の大きさに関係なく、いまある資源を使って、それを解決する独創的な方法はつねに存在する、ということです。起業家精神とはまさにこのことだとスタンフォード大学の何人もの同僚が口を揃えます。起業家とは、チャンスになりそうな問題をたえず探していて、限られた資源を有効に使う独創的な方法を見出し、問題を解決し、目標を達成する人を指します。たいていの人は、問題にぶつかっても、解決できるはずがないと端から決めてかかっているので、目の前に独創的な解決法があっても気づかないのです。

第三に、わたしたちは、往々にして問題を狭く捉えすぎています。二時間でできるだけ稼ぎなさい、といった単純な課題を出すと、ありきたりな方法に飛びつく人がほとんどです。一歩引いて、広い観点から見ようとはしません。ブラインドをあげれば、可能性に満ちた世界が広がっているのに。演習に参加した学生は、この教訓を胸に刻みます。元手がないのは言い訳にならないということを、後々よく考えます。解決されるのを待っている問題は、いつでも身近にあるのですから。

この演習は、わたしがスタンフォード大学で起業家精神とイノベーションを教える講座から生まれました。どんな問題もチャンスと捉え、工夫して解決できることを示すのが、講座全体の狙いです。最初は個人に、つぎにチームに、そして最終的には大規模な組織に、創造性とイノベーションを取り込むことを重視しています。学生にはまず小さな課題を与え、徐々にむずかしくしていきます。学生は、授業が進むにつれて、問題を可能性というレンズで捉えることに快感をおぼえ、最後はどんな問題でも受けて立とうという気になります。

わたしは、スタンフォード大学の工学部に属するＳＴＶＰ（スタンフォード・テクノロジー・ベンチャーズ・プログラム）[5]の責任者を一〇年にわたって務めています。科学者や技術者に起業家精神とはどういうものかを教え、それぞれの役割のなかで起業家精神を発揮するために必要なツールを授けることが、わたしたちの役目です。純粋な専門知識を教えて学生を社会に送り出すだけでは不十分だとわたしたちは考えています。そして、おなじように考える大学が世界的に増えています。社会に出て成功するには、どんな職場であっても、人生のどんな局面でも、起業家精神を発揮して、みずから先頭に立つ術を知っておく必要があります。

ＳＴＶＰでは、教育と研究、そして、世界中の学生や学部、起業家との交流に力を入れています。目指しているのは、「Ｔ字型の人材」の育成です。Ｔ字型の人材とは、少なくとも一つの専門分野で深い知識をもつと同時に、イノベーションと起業家精神に関する幅広い知識をもっていて、異分野の人たちとも積極的に連携して、アイデアを実現できる人たちです[6]。どんな役割を果たすにしろ、起業家的な発想が、問題を解決するうえでカギになります。日常生活で日々、経験するささいな問題もそうですし、地球規模での関心や取り組みが必要な、迫り来る危機についてもおなじことが言えます。じつは、起業家精神とは、リーダーシップやチームづくりから、交渉やイノベーション、意思決定に至るまで、人間が生きていくうえでカギとなるような幅広いスキルを開拓することなのです。

わたしは、「Ｄスクール」の愛称で呼ばれる、スタンフォード大学のハッソ・プラットナー・デザイン研究所にも所属しています。[*7] この学際的なプログラムには、工学、医学、経済学、教育学など学部の垣根を越えて、学内全体から教育者が集まっています。構想を練り、研究所を立ち上げたのは、機械工学のデビッド・ケリー教授です。教授は、独創的な商品や経験を提案することで知られるデザイン会社、ＩＤＥＯの創業者としても有名です。Ｄスクールの講座はすべて、最低でも専門の異なる二人の教授が受け持ちます。取り上げるテーマは、途上国向けの超低価格の製品デザインから、伝染力のある行動を起こす方法、元気な高齢者のためのデザインまで、じつに多彩です。わたしは教員のひとりとして、正解が何通りもあるような複雑で大きな課題を、学生に、そして自分自身に投げかけてきました。そして、そのなかで積極的に協力し、過激なブレイン・ストーミングを行ない、短期間でプロトタイプをつくるという醍醐味を味わってきました。

この本は、こうしたスタンフォードの授業から生まれた物語と、それ以前に科学者、起業家、経営コンサルタント、教育者、著者としてわたしが経験してきたことをまとめたものです。さらに、起業家や発明家、アーティスト、学者など、さまざまな道を歩んできた人々の物語も盛り込んでいます。常識を疑うことによって、卓越した仕事を成し遂げ、失敗も成功も包み隠さず話してくれる人々がごく身近にいるという点で、わたしはとても恵まれています。

この本で紹介する考え方の多くは、従来の教育制度の下での教えとは対極にあります。

じつは、学校で適用されるルールは、往々にして外の世界のそれとはかけ離れています。このギャップがあるために、いざ社会に出て自分の道を見つけようとすると、とてつもない重圧にさらされることになります。このギャップを埋めて実社会の問題に挑もうとするのは、そう簡単ではありませんが、適切なツールと心がまえさえあれば、できないことではありません。

学校では、学生を個人として評価し、成績を相対評価します。要するに、誰かが勝てば、誰かが負ける仕組みになっています。これではストレスが溜まりますが、組織はふつう、そのようにできていません。社会に出れば、目標を共有する者同士がチームを組んで仕事をするのが一般的です。自分が勝てば周りも勝ちます。また、ビジネスの世界では、大きなチームのなかに小さなチームがあって、どの段階でもうまくいくことが目標になっています。

教師はたいてい、学生に知識を詰め込むことが自分の仕事だと思っています。教室のドアは閉められ、机と椅子は教師に向かって固定されています。学生は、後で試験に出ることがわかっているので、熱心にノートを取ります。教科書を読んでおくことが宿題として出され、学生は黙々と予習します。大学を出てからの生活は、これとはまったく違います。社会に出れば、自分が自分の先生であり、何を知るべきか、情報はどこにあるのか、どうやって吸収するかは、自分で考えるしかありません。実社会での生活は、出題範囲が決められずに、どこからでも出される試験のようなものです。ドアは大きく開かれているので、何か問題にぶつかったとき、職場や家庭で問題が起きたときも、友だちとの悩み事も、世界全体の問題を考えるときも、身の回りの資源をいくらでも利用できます。チリ大学の優秀な教授のカルロス・ビグノロは、「社会に出たら、有能な教師が道を示してくれるわけではないのだから、君たちはできの悪い教師の授業を取りなさい」と言って、学生を挑発しているそうです。

テストにしても、大人数のクラスなら、正しい答えをひとつだけ選ぶ選択式です。採点がしやすいように、鉛筆で丁寧に楕円を塗りつぶさなければなりません。一歩、社会に出れば、状況はまったく違います。どんな問いにも、答えは何通りもあります。そして、その多くは、どこかしら正しいところがあるものです。学校と社会の違いでもっと重要なのは、社会では失敗が許される点でしょう。じつは失敗とは、人生の学習プロセスの重要な一部なのです。進化が試行錯誤を繰り返してきたのとおなじように、人生でも、最初に間違い、途中でつまずくのは避けられません。成功するかどうかは、こうした失敗の経験から、その都度、教訓を引き出せるか、そして、新たに身につけた知識を武器にして前に進めるかどうかにかかってきます。

要するに、社会は、学校とは似ても似つかない場所なのです。たったひとつの正解を選べば、ご褒美がもらえるわけではありません。ひとりひとりが、いくつもの選択肢を前にして途方にくれることもあるでしょう。家族や友だち、そして隣人が、何をすべきか親切にアドバイスしてくれるかもしれませんが、どの道を選ぶかは基本的には自己責任です。ただし、最初から正しくなくても構わない、と知っておくことは役に立つでしょう。人生では、誰もが試行錯誤をしながら、スキルと情熱を思いも寄らない形で組み合わせる機会が数多くあるものです。

この本では、多くの月並みな考え方を覆していきます。自分自身を、そして世界を新鮮な目で見てほしい——これがわたしの願いです。考え方はシンプルですが、必ずしも直感的に納得できるものではないかもしれません。ですがわたしは、イノベーションと起業家精神を教えるなかで、激動の時代に生きるわたしたちにとって、この本で示す考え方がいかに重要かを、実際にこの目で見てきました。状況がめまぐるしく変わる現状では、チャンスを見極め、物事に優先順位をつけ、失敗から学ぶことが必要です。さらに、この本の考え方は、人生をめいっぱい楽しみたい人にとっても役に立つものだと思います。

次章以下では、最近の大学院生から経験豊富な専門家まで、さまざまな人々から見聞きした物語を紹介していきます。読者のみなさんにとって、そのなかに共感するものがあり、人生で選択を迫られたときのヒントがあればと願っています。この本で目指しているのは、読者のみなさんに新しいレンズを提供することであり、そのレンズを通して、日常でぶつかる困難を見つめ直し、将来の進路を描いてもらうことです。常識を疑い、身の回りのルールが本当に正しいのか再検証してもいいのだと、みなさんの背中を押したいと思います。不安はつきまとうでしょうが、おなじような問題にほかの人がどう対処してきたのかを知れば、自信が湧いてきます。そうすれば、ストレスを感じるのでなく、わくわくした気持ちになり、困難だと思ったことが、じつはチャンスなのだと気がつくことでしょう。

第2章

常識破りのサーカス

みんなの悩みをチャンスに変えろ

日常のなかで問題にぶつかったとき、これはチャンスだと思わないのはなぜなのでしょう？　第1章で取り上げた学生たちはなぜ、課題が出されるまで想像力の限界を広げられなかったのでしょうか？　それはそもそも、問題を歓迎するような教育を受けていないからです。問題は避けるべきものであり、不満のタネになるものなのだと教えられています。こんなことがありました。企業幹部を対象にした講演で、「イノベーション・トーナメント」のビデオを見せたところ、その日の午後遅くなって、ある企業のトップがやって来て、「学生に戻れたら、どんなにいいでしょう。そしたら問題をつぎつぎと出されて、創造力を養えるのに」と嘆いたのです。わたしは戸惑いました。この人は、日々の仕事のなかで、柔軟に考えなければとても解決できない問題にぶつかっているはずなのに、と。残念ながらこの経営者は、自分の生活や仕事にも通じるとは思わなかったのです。わたしの演習は、大学という管理された環境だからこそできたことだと思ったようです。もちろん、そんなことはないし、そうであってはなりません。

人は誰しも、日々、自分自身に課題を出すことができます。つまり、世界を別のレンズ――問題に新たな光を与えることのできるレンズ――で見る、という選択ができるのです。問題は数をこなすほど、自信をもって解決できるようになります。そして、楽に解決できるようになると、問題が問題ではなくチャンスだと気づくのです。

自分に何ができるのか？　それを決める最大の要因は、心がまえです。本物のイノベーターは問題に真正面からぶつかり、常識をひっくり返します。ジェフ・ホーキンスはすばらしいお手本です。ジェフは、携帯端末「パーム・パイロット」で、スケジュール管理に革命を起こしました。ジェフが魅了されたのは、使いやすい小型パソコンをつくる、というテーマでした。この究極の目標を達成するまでに、つぎつぎと問題にぶつかりました。起業家とは、たえず大きな問題にぶつかり、その都度、それを解決するための独創的な方法を見つけ出す人間だと本人も語っています。

ジェフは、出だしから大きな壁にぶつかりました。最初に開発した製品「ズーマー」が、無残な失敗に終わったのです。それでも、すごすごと引き下がりはしませんでした。「ズーマー」を買った顧客と、競合するアップル社の「ニュートン」を買った顧客に電話をかけ、どんな機能が欲しいか意見を聞きました。そのなかに、ごちゃごちゃした予定を整理して、いくつものカレンダーをひとつにまとめ、予定を一括管理できる製品が欲しい、という声がありました。これを聞いたジェフは、「ズーマー」のライバルが、ほかのコンピューター製品ではなく、卓上カレンダーだと気づいたのです。当初の思惑とは違いましたが、こうした意外な声を生かしたことが、次世代製品「パーム・パイロット」の爆発的なヒットにつながったのです。

開発の途中でも難問にぶつかりました。小さな端末にどうやって情報を入力するかという入力方式の問題です。ごく自然な動作にするには、小さなキーボード以外に、手書きで入力できることが不可欠だとジェフは考えていました。ただ、当時のプログラムでは、手書き文字が十分に認識できませんでした。そこで、コンピューターが認識しやすいように、新しい文字を作ってしまえばいいと考えました。これが、後のグラフィティです。当時、社内には新しい文字を使うことへの激しい抵抗がありましたが、ジェフには自信がありました。最初にほんの少し時間をかけて覚えておけば、あとあと時間を節約できるのですから。グラフィティは革命的なイノベーションでした。ジェフは、あらゆるルールを疑い、真の問題を解決したと言えます。

ジェフ・ホーキンスは、まさしく問題解決屋であり、いつでも新鮮な目で世の中を見ようとします。いちばん最近設立したニューメトラ社は、脳の機能に関する独自の理論を実践する場として設立したものです。脳の仕組みを知りたいと、長年、独学で神経科学を学んだジェフは、大脳新皮質が情報処理に果たす役割について、独自の理論を打ち出しました。刺激的で説得力があるその理論は、『考える脳 考えるコンピューター』（ランダムハウス講談社）という著書にまとめられています。ジェフはこの理論をもとに、人間の脳とおなじように情報を処理する「賢いコンピューター」の開発に乗り出しました。もちろん、ジェフ・ホーキンスのような人は特別で、一般人は革新的な理論を編み出すことも、アッと驚く発明もできない、とおっしゃる方もいるでしょう。でも、ジェフを特別視するのではなく、ヒントにした方が、ずっと建設的なのではないでしょうか。見方を変えてもいいのだと自分に許しさえすれば、問題は解決できることを示してくれたのだと。

目を凝らして、身の回りにチャンスを見つけ、そのチャンスを徹底的に生かせばいいのではないか？　第二回の「イノベーション・トーナメント」から生まれたプロジェクトのひとつは、こうした考えに光をあてました。参加者にはゴムバンドを渡し、制限時間のあいだにできるだけ多くの価値を生み出す、という課題を出しました。あるチームは、ゴムバンドをリストバンドに見たて、「実行バンド」と称して、先延ばしにしがちなことを実行するきっかけにしてもらおうと考えました。これは巧みなアイデアですが、ヒントがあります。癌と闘いながらツール・ド・フランスで連覇を成し遂げたランス・アームストロングへの連帯の意思を表す黄色のリストバンドです。「ＬＩＶＥ ＳＴＲＯＮＧ」と書かれたバンドの収益は、癌患者の支援に当てられました。

「実行バンド」には、いくつかの決まり事があります。

・自分が実行することを決めて、バンドを手首につける。
・決めたことを実行できたら、バンドを外す。
・実行できたら、「実行バンド」のウェブサイトに記録する。ゴムバンドには一個ずつ番号が印字されているので、ひとつのゴムバンドが、どんな行動を起こしたかを知ることができる。
・バンドをつぎの挑戦者に渡す。

「実行バンド」は何の変哲もないただのゴムバンドですが、前からやろうとしてできなかったことを実行に移すインセンティブになります。時には、ゴムバンドのようにシンプルなものが、人を動かすきっかけになることだってあるのです。「実行バンド」キャンペーンは、ほんの数日で終わりましたが、その短いあいだに、さまざまな行動を巻き起こしました。母親に電話した学生もいれば、お世話になった人にカードを送って感謝の気持ちを表した人もいます。ほかにも、新しいエクササイズやサマー・キャンプを始めた人、長いあいだ音信が途絶えていた友人に連絡を取ろうと思いたった人、自分で見つけた慈善団体に寄付した人もいました。ゴムバンドひとつで、これほどの行動を巻き起こせるのだと想像しただけで、わくわくしませんか？　もうひとつ、はっきり言えることがあります。何もしないのと、何かをするという二つの選択肢を切り替えるのは、ほんの小さなスイッチですが、選択の結果は大きく違ってくる、という点です。

こうした考えから、わたしは、授業で簡単な課題を出しました。生活のなかで困っていることを、違う視点から見てもらうための課題です。学生には、困っていることをひとつ挙げ、身の回りにあるモノを何でもいいからひとつ適当に選ぶように指示しました。つぎに、どうすれば、そのモノを使って困っていることが解決できるか考えてもらいます。当然ながら、学生が何に困っているのか、どんなモノを選ぶのかは、わたしは知りません。首尾よく解決できるかどうかもよくわかりませんでした。でも、ほとんどの学生が、適当に選んだモノを使って、なんとか問題を解決する方法を見つけ出したのです。

お気に入りの例を紹介しましょう。アパートの引っ越しを考えている女子学生がいました。大型の家具をどうやって運んだものか思案していました。家具を動かせなければ、置いていくしかありません。部屋を見回していたら、何週間か前のパーティで余ったワインの箱が目に入りました。そこで妙案を思いつきました。ネット上のコミュニティ・サイトに、「ベイブリッジの向こうのアパートまで家具を運んでくれたら、御礼にワイン一箱差し上げます」と書きこんだのです。数時間もしないうちに、家具はすべて運び出されました。部屋の隅で埃をかぶっていた残りもののワインが、貴重な通貨に化けたのです。わたしの出した課題がワインを通貨に変えたのではありませんが、課題によって、そういう見方をする能力と動機が得られたのはたしかでしょう。

どんなに大きな問題にも、挑むことはできます。じつは、「イノベーション・トーナメント」では、多くのプロジェクトが「社会的価値」を生み出すよう工夫されていました。学生たちはこの大会を、省エネや健康増進、障害児に対する地域ぐるみの支援など、社会的に重要な問題に取り組むチャンスと捉えたのです。

どんなに大きな問題も、解決するにはまず、問題を明確にしなくてはなりません。製品企画では「ニーズの発掘」と言います。これは、学習して身につけることのできるスキルです。じつは、スタンフォードのバイオデザイン・プログラムでは、必須科目のひとつになっています。[*1]バイオデザイン・プログラムでは、工学や薬学、経済学を学んだ大学院生が集まり、医療の現場で何が必要とされているのかを一年間かけて見極め、それに対応した製品を設計します。指揮を執るのは、心臓血管医で発明家で起業家でもある、ポール・ヨックです。[*2]ポールは、「特徴がはっきりしたニーズこそ、発明の素」だと言います。言い換えれば、問題を明確に定義できれば、その解決策はおのずからあきらかになるのです。

バイオデザイン・プログラムの研究員は、三ヵ月間、影のように医師について歩き、医師がどんな問題を抱えているのかを見極めます。注意深く観察し、同僚の医師や看護師、患者、管理部門の担当者など、関係者全員に話を聞き、改善すべき点を洗い出します。何百もの要望が並ぶ膨大なリストを少数に絞り込み、最終的には、いちばん大きな問題を取り上げます。いったんテーマが決まると、さまざまな解決策を考え、短期間でプロトタイプを作ります。集中して取り組んだ後は、新製品のコンセプトを主要な関係者に披露し、ニーズに応えているかどうか意見をもらいます。

面白いのは、現場にいる人ほど、日常的に問題にぶつかっているので、その状態に慣れ切ってしまい、問題に気づきもしないし、まして、それを解決する独創的な方法など思いつかない、ということです。ポール・ヨックは、こんな逸話を教えてくれました。詰まった血管にバルーンを挿入して拡張する、バルーン血管形成術の顛末です。この画期的な手術法が考案されるまでは、動脈が詰まった場合、バイパス手術をして、使い物にならなくなった血管を取り除くしかないと考えられていました。そのためには開腹手術が必要で、かなりのリスクを伴います。それよりリスクが低く、血管の奥まで挿入できるバルーン血管形成術が初めて紹介されたとき、医師のあいだでは、うまくいくのかという懐疑と、強い抵抗がありました。動脈閉塞手術の権威とされる外科医ほど、強く反対しました。バルーン血管形成術の開発者の前に、巨大な壁が立ちはだかったようでした。たとえば、開発者のひとりのジョン・シンプソンは、勤務していた大学を辞めざるをえなくなり、民間の病院に移って研究を続けました。しかしながら、時が経つにつれて、バルーン血管形成術の効果が実証され、動脈閉塞では一般的な手術法になっていきました。この逸話は、常識が根強いために、現状をよく知る人間はそれ以外のことが想像できないことを示した格好の例だと言えます。

「問題に気づかない」のは、消費者の側にもあてはまります。よく取り上げられる例ですが、ＡＴＭ（現金自動預払機）がそうでした。開発当初、銀行の利用者を集めて、預金の引き出しや預け入れにＡＴＭを利用するかと尋ねたところ、利用しないと答えた人が圧倒的だったのです。当時は、どんな取引もカウンターに行ってするのがふつうでした。利用者は、自分の行動を劇的に変えることなど想像もできなかったのです。ＡＴＭは革新的な機械で、個人取引を各段に便利にするものだと、いまだからこそわかります。ＡＴＭがない生活など想像もつきません。

私自身にも、問題に気づかなかった経験があります。一五年ほど前、夫のマイクから携帯電話をプレゼントされました。一般に普及するかなり前のことで、自分に必要だとは思えませんでした。むしろ、使わないガラクタが増えて困る、くらいに思っていました。夫からは試しに一週間だけ使ってみるよう勧められました。するとどうでしょう。二日もすると、手放せなくなっていたのです。毎日、最低二時間は使いました。移動中でも友人や同僚と連絡を取ることができるのです。夫がプレゼントしてくれたことを、心から感謝しました。そして、革命を起こすかもしれない斬新なアイデアに出会ったときには、いつもこの話を思い出すようにしています。

ニーズを掘り起こすのに必要なのは、世の中のギャップを見つけ、それを埋めることです。ギャップにはいろいろあります。製品を使うときのギャップ、手に入るサービスのギャップ、人々が自分の行動について説明するとき、話のなかにあるギャップ……。コンサルティング会社、ポイント・フォワード社の、ニーズを掘り起こす達人、マイケル・バリーが、キンバリークラーク社との仕事について、面白い話を聞かせてくれました。キンバリークラークは、ティッシュの「クリネックス」や「スコット」、紙オムツの「ハギーズ」で有名です。そもそも同社がマイケルにコンサルティングを依頼したのは、紙オムツの売上が、断トツでトップのP&Gの「パンパース」にくらべて芳しくなく、対策を考えるためでした。マイケルは、「ハギーズ」のパッケージに書かれたメッセージを分析し、愛用者にインタビューするなどして、紙オムツがどのように売られているのか詳しく分析した結果、同社の売り方は的が外れていると結論づけました。オムツを、汚らわしい邪魔物のように扱っていたのです。親はそんな風に見ていません。オムツは、わが子が快適に過ごすためのものです。オムツを扱うのも子育ての一環です。衣服の一部とも見ています。こうした発見をもとに、キンバリークラークは、「ハギーズ」のパッケージを一新し、ポジショニングを変えました。さらに、徹底的に観察した結果、マイケルは大きなチャンスに気づきました。親たちは、周りから「まだオムツが取れないの?」と聞かれるのがたまらなく嫌だったのです。これは大発見でした。一生懸命トイレの訓練をしているのに、「まだオムツが取れないの?」と聞かれるのは、親にしても、子どもにしても大きな苦痛です。これを逆手に取る方法があるはずです。オムツを「ダメなこと」の象徴ではなく、「できること」の象徴にするにはどうすればいいのか? マイケルが思いついたのは、オムツとパンツの中間の商品「プルアップス」の開発でした。オムツから「プルアップス」に切り替えることは、親にとっても子にとっても、大きな一歩になります。子どもは、ひとりで「プルアップス」を履くことができ、それで自尊心をもつこともできます。こうした事実に気づいたことで、キンバリークラークは年間の紙オムツの売上を一〇億ドル増やし、ライバルを大きく引き離すことができました。ニーズの発掘に的を絞り、目の前にあった問題に気づき、それをチャンスに変えたことから新製品が生まれたのです。

わたしは授業で、サーカス団のシルク・ドゥ・ソレイユ[*3]を例に、学生に常識を疑うスキルを磨く機会を与えています。話は、サーカス業界が苦境に陥っていた一九八〇年代に遡ります。当時、サーカスといえば、公演の内容が決まりきっていて新鮮味がなく、観客動員数は減り続け、動物を虐待していると批判されていました。新しいサーカス団を立ち上げるのに、いい時期とは思えませんでした。が、まさにこの時期に、カナダの大道芸人だったギィ・ラリベルテは、サーカス団の創設を決めたのです。既存のサーカス団にかかわる常識のことごとく逆を行って、シルク・ドゥ・ソレイユを立ち上げ、そうすることで衰退産業という問題をチャンスに変えたのです。

授業ではまず、一九三九年の映画『マルクス兄弟 珍サーカス』のビデオを見せ、伝統的なサーカスの特徴をすべて挙げてもらいます。「大きなテント」、「動物による曲芸」、「安いチケット」、「土産物売り」、「一度にいくつもの芸」、「けたたましい音楽」、「ピエロ」、「ポップコーン」、「肉体自慢の男たち」、「フープ」。つぎに、いま挙げた特徴を逆にしてもらいます。「動物は登場しない」、「高額のチケット」、「物売りはいない」、「一度に上演する芸はひとつ」、「洗練された音楽」、「ピエロはいない」、「ポップコーンもなし」。つぎに、伝統的なサーカスのなかで残しておきたいもの、変えたいものを選びます。こうしてでき上がった新しいサーカスは、シルク・ドゥ・ソレイユ風になります。そして、つぎに、実際のシルク・ドゥ・ソレイユの最近の公演のビデオを見ます。これで、自分たちが行なった変更が実際にどのような効果をもつかが検証できます。サーカス業界でこの演習をやっておけば、ほかの業界や組織で応用するのは簡単です。ファストフード業界やホテル業界、航空業界でもできますし、スポーツ・イベント、教育、結婚にあてはめてもいいのです。

コツさえわかれば、ちょっとしたメモに書き出して、自分の生活やキャリアも点検できます。大事なのは、時間をかけて、常識だと思われていることを洗いざらい挙げていくことです。じつは、これがいちばん難しい作業です。バルーン血管形成術でも述べたように、常識はわたしたちの世界観のなかにしっかりと根づいていて、なかなか気づかないことが多いのです。ただ、粘り強くやれば、目の前の選択肢を新鮮な目で見られるようになります。

常識とされていることを洗い出し、それを覆すのに長けた人がいます。一見、解決不能に思える問題を解決しようと努力するなかで、一般に妥当だとか、可能だとされている範囲がほんとうにそうなのか、限界をもっと広げられるのではないかと考え、独創的な方法を編み出します。こうした人たちは、見知らぬ土地に生活拠点を移したり、壮大なプロジェクトに取り組んだり、過激に思える選択をし、未踏の地へと続く新たな道を拓きます。わたしたち一般人は、それを見て感心はしても、自分もおなじように飛躍しようとはしません。

みずから冒険に乗り出し、壁を打ち破り、常識を覆した女性、サンドラ・クックの例を見てみましょう。キャリアの始まりは型通りでした。数学論理学で博士号をとった後、LSE（ロンドン・スクール・オブ・エコノミクス）に学び、教鞭をとりました。アメリカに戻ってからは、スタンフォード・リサーチ・インスティトュートで職を得、ブーズ・アレン・ハミルトンのコンサルタントとして働き、ついにはモトローラの通信事業部門で戦略立案を統括するまでになりました。このままキャリアを続けることはできましたが、彼女は、この完璧で乗り心地のいい列車を降りる決断をしました。行き先が違っていると思ったからです。

サンドラは昔から、人がなかなか行かない場所や、遠く離れた異国の地を旅するのが好きでした。忙しい仕事の合間を縫って二週間の休暇を取り、インドやチベット、モンゴル、ネパールにまで足を延ばしたこともあります。でも、それでは物足りなくなったのです。二〇〇二年、モトローラでの地位を捨てて、生活を百八十度変える決心をしました。アフガニスタンを回るためでした。戦争が始まってから荒廃が進むアフガニスタンで、自分なりの人助けがしたいと思っていました。とにかく現地に行けば何らかの方法は見つかるはずだと、ビザを取り、航空券を買って、アフガニスタンへと飛び立ちました。降り立ったカブール空港では、タクシーが一台もなく、公共交通もありませんでしたが、どうにかホテルまでたどり着くことができました。そのホテルは、世界中の記者が利用していました。サンドラはあらゆるツテを頼って、この国を再建するために自分にできることはないか聞いて回りました。援助の申請の代行や、事業計画の立案ができると申し出ました。床掃除まで買って出ました。役に立つことであれば、何でもやるつもりでした。

そんななかで、カブール大学アフガニスタン・センターの所長、ナンシー・デュプリーと知り合います。ナンシーは、大学の図書館を立て直すとともに、「移動本棚」の活動を通じて、アフガニスタン国内の人々に本を届けようと奔走していました。お互いのことがわかってくると、サンドラはセンターの事業計画を立てるようになり、やがて理事への就任を依頼されました。いまでは理事会の共同議長として、広報や資金調達に飛び回っています。こうした公的な活動以外に、アフガニスタン国内の草の根運動にも参加しています。そのひとつが、カブール市内に苗木を配る活動です。戦争でダメになった木の代わりに植えてもらおうと、ポケットマネーで二万本の苗木を買って、各家庭に配っています。

快適な生活を捨て、遠い異国の地で難題に挑もうという人は、そうそういないでしょう。でも、わたしたちははるかに小さな問題を、おなじように大変だと思っていることが多いのです。職を変えることや、町の反対側に行くことすら、慈善活動をするために見知らぬ土地に旅立つのとおなじくらい、リスクの高いことだと感じています。不確実性の高い選択をするよりも、「そこそこいい」役割に安住した方が、ずっと快適です。ほとんどの人は、ささやかでも確実なステップに満足しています。それほど遠くには行けませんが、波風を立てることもありません。

初期段階の企業に投資するベンチャー・キャピタルは、大きな問題を見つけ、それを解決するという目標を掲げて、相当のリスクを取ることを誇りにしています。次なるビッグ・チャンスを求めて、つねにアンテナを張り巡らしています。小さな問題を徐々に解決していこうという姿勢とは百八十度違います。将来を見通し、次の山の向こうの課題を探そうとするからこそ、それに応えられる革新的な方法に資金を投じることができるのです。クライナー・パーキンス・コフィールド&バイエルズ（ＫＰＣＢ）は、そうしたベンチャー・キャピタルを代表する企業です。将来の課題を予想し、その解決策に投資することでめざましい実績をあげてきました。バイオテクノロジーやインターネット商取引、代替エネルギーといった分野には、世の中で話題になるずっと前から投資していました。数々の企業の将来性と、世の中に与える衝撃を見抜いていたのです。同社が投資した主な企業には、遺伝子治療のジェネンテック、コンピューターのサン・マイクロシステムズ、ネット関連ではアマゾン、グーグル、ネットスケープ、インテュイット、ゲームソフト開発のエレクトロニック・アーツなどがあります。KPCBのパートナー、ランディ・コミサーは、「起業家精神とは、世の中にはチャンスが転がっていると見ること」だと語っています。大きな問題を見出し、それを解決することが、すべての関係者の大きなリターンにつながることを、実際に目の当たりにしてきたのです。

大きな問題を解決することで利益を得られるのは事実ですが、ランディは著書の『ランディ・コミサー　あるバーチャルCEOからの手紙』（ダイヤモンド社）のなかで、金儲けをしたいからというのではなく、情熱をもつことが大事だと強調しています。[*4] 違いを説明するために、大義を追い求める宣教師と、もっぱら自分と自分の利益のために働く商人を比較します。大きな問題にぶつかったとき、宣教師のような情熱で解決策を見つけようとすることによって、成功する企業が生まれます。このメッセージは、やはり起業家で著書もあるガイ・カワサキの言葉、「カネを稼ぐよりも、意義を見つける方がいい」に通じるものがあります。[*5] 最初から金儲けを目当てに事業を立ち上げると、おそらくカネも儲からないし、意義を見つけることもできないでしょう。大きな問題を、これまでにない方法で解決して使命を果たすことを目標に掲げれば、最初から金儲けを目指すよりも、儲かる可能性はずっと高いのです。

これまでに紹介してきた起業家やベンチャー・キャピタリスト、投資家と、授業で五ドルやクリップ、ミネラルウォーターを渡され、できるだけ多くの価値を生み出すという課題を出された学生は、どんな関係があるのでしょうか？　関係はおおいにあります。どの例も、問題を見つけ、常識を徹底的に疑うことで、その問題を解決すれば、大きな見返りがある、という考え方を裏付けています。問題は至るところにあり、工夫して解決しようという意欲をもった人たちを待っています。問題を解決するには、さまざまなものが必要です。鋭い観察力、しっかりしたチームワーク、計画を計画で終わらせない実行力、失敗から学ぼうとする前向きな心、そして独創的な解決策。でも、まず必要なのは、問題は必ず解決できる、という気概を持つことです。自分自身の経験からも、また学生を見ていてもそう思うのですが、問題と格闘した経験が積み重なっていけば、必ず解決策が見つかると自信が持てるようになるものです。

わたしは最近、未来の起業家のための一週間集中講座で教えるために、スコットランドを訪れました。主催したのは、スコットランド企業研究所のジェイムズ・バーローで、国内から五〇人の大学生が集まりました。学生の専攻は、犯罪学から化粧品までじつにさまざまでした。ほとんどの学生は、起業という考え方にふれたこともありません。最初に、新しい製品やサービスを考え、それを販売せよという課題を出したところ、それだけで怖気づいたようでした。各チームには夕方六時に元手として五〇ポンドを渡します。制限時間は一八時間。学生をぬくぬくとした場所から引っ張り出し、実社会にふれてもらうのが狙いです。学生は家に帰りたくなった、と口ぐちに言いました（言わなくても、顔にそう書いてあるのですが）。でも、全員がこの課題に食らいつきました。やればできるのだと、当人たちも驚いていました。あるチームは、突然の雨で困っている人に傘を差しかける「傘さしサービス」を始めました。地元のバーで即席のスピード・デート・コーナーを設けたチームもありました。人通りの多い街中で、交代で靴磨きスタンドを開いたチームもありました。

でも、この課題はほんの手始めに過ぎません。一週間のあいだに、挑戦しがいのある課題をつぎつぎと出して行きました。新聞記事を検索して問題を見つける、ブレイン・ストーミングで独創的な解決策を考える、新しい事業を企画する、顧客となりそうな人たちにインタビューする、コマーシャルを制作する、そして、有力経営者の前でプレゼンテーションをする。一週間が終わる頃には、どんな課題でもかかって来い、と言えるだけの心がまえができていました。

とくに印象に残っているチームがあります。女子学生ばかり三人のチームでした。三人とも、およそ起業とは無縁でした。最初の課題を出したときには青くなっていましたが、一週間の講座が終わる頃には、すばらしいアイデアを思いつき、審査員から高く評価され、投資家から元手を得られたのです。彼女たちが思いついたのは、体にぴたりとフィットしたブラジャーを探してくれる、出張サービスでした。店では恥ずかしくて、結局、サイズの合わないブラジャーをしている女性が多いのに気づいたことから思いついたサービスでした。コマーシャルにも味があって、これはモノになると誰もが納得するできでした。

最終日、ひとりの女子学生がこう言いました。「できないことなんてない、ということがわかりました」。この女性も、ほかの学生もみな、すばらしいことを成し遂げるのに必要なスキルのほとんどを持っていました。わたしたちはただ、身近な問題はチャンスに変えられるのだという確かな証拠を示し、ほんの少し背中を押しただけなのです。

第3章

ビキニを着るか、さもなくば死か

ルールは破られるためにある

有名な心理学者のB・F・スキナーは、かつてこう言いました。人間の行動はすべて、個人の欲求か、種の欲求か、社会全体のルールに適応したものになる、と。[*1] ただし、これらの三つの要素はぶつかり合うことが多く、そのために強い緊張が生じます。社会が作ったルールは、隅々に張りめぐらされています。ルールを決めるのは、政府や宗教団体、雇用主、学校、隣人、家族など。こうした社会組織がそれぞれはっきりしたルールを作るからこそ、個人の欲求を満たしたり、種の欲求に駆り立てられたりして、ルールを破りたくなることがあるのです。こうした社会的なルールや規範は、そもそも世の中を秩序立て、予測を立てやすくして、互いを傷つけ合わないようにするために作られているのですが。

では、ルールがただの助言に過ぎないのはいつなのでしょうか？　そして、その助言はいつルールに変わるのでしょうか？　日々の生活のなかで、誰もがやるべきことを書いたサインがあり、どんな風に振舞うべきかを教える指南書があり、ある程度の枠内での行動を促す社会的な指針があります。じつは、わたしたち自身も、たいていは他人に促される格好でたくさんのルールを自分で決めています。生きていくうちに、こうしたルールが染み付いていきます。自分に何ができそうかを考えるときにも、自然と自分に枠をはめています。頭のなかで決めたこの限界は、社会に課されるルールよりも、ずっと強制力が強いものです。自分がどんな人間かを説明するとき、人は職業や所得、住んでいる場所や持っている車、卒業した大学について語ります。誕生日の星座を持ち出すこともあります。どの属性にも決まったイメージがあるため、自分が何者で、何ができるのかについて、型通りの考え方しかできなくなります。これで思い出されるのが、映画『My Dinner with Andre（アンドレとの夕食）』の有名なセリフです。ニューヨーカーは、「看守でもあり、囚人でもある。そのため、……自分たちがつくりあげた監獄を出られないし、監獄だと気づくことすらできない」。わたしたちは、自分で自分の監獄を作っているのです。互いにルールを課し、決まった役割を押しつけています。限りない可能性に満ちているのに、そこに踏み出そうとはしません。固定観念を見直したら、どうなるのでしょうか？　決まった道を外れると、どんな影響――良い影響と悪い影響――があるのでしょうか？　ルールを破った人はどうなるのでしょうか？

グーグルの共同創業者のラリー・ペイジは、講演のなかで、「できないことなどない、と呑んでかかることで、決まりきった枠からはみ出よう」と聴衆を鼓舞しています。[*2]できるだけ、大きく考えるのです。小さな目標を決めるよりも、大きな目標を掲げた方が楽なことが多い、とペイジは指摘します。小さな目標の場合、達成する方法は限られています。それをはみ出るとうまくいきません。これに対して、大きな目標であれば、時間や労力をかけるし、達成する方法も多いからです。これは興味深い指摘です。サンフランシスコからカブールに行く場合を考えてみましょう。経路は何通りもあります。それなりの時間やお金がかかるのは覚悟のうえ。計画どおりいかなければ臨機応変に対応するでしょう。これが町の反対側に行くのだと、通る道は決まっていて、できるだけ早く着くことしか考えないのではないでしょうか？　何らかの理由で、その道が通行止めになっていたらイライラしてきます。目的地までの経路を決めないで、難しい問題に取り組もうとする気概があること――これが、グーグルがめざましい成功を収めた一因だと言えるでしょう。

大き過ぎて挑めない問題などないとして、周りの意見はどこ吹く風で、自分の行きたい場所にさっさと旅立つ人がいます。その好例が、リンダ・ロッテンバーグです。「あなたはどうかしている」と人から言われたら、いい線を行っている証拠だと考えます。リンダは一一年前、開発途上国の起業家を支援するため「エンデバー」を立ち上げました。[*3] 当時のリンダは、イエール大学のロー・スクールを出たばかりで、あるのは、見捨てられた地域の経済開発を刺激する、という情熱だけでした。がむしゃらにゴールを目指し、支援を取り付けるために、有力経営者の追っかけまでやりました。

「エンデバー」の活動は南米から始まり、いまではトルコや南アフリカなど世界中に広がっています。エンデバーでは、厳正な審査で、優れたアイデアと実行力のある起業家を選抜し、必要な資源を与えます。起業家が受け取るのは資金ではありません。その地域で先導役になってくれそうな人材を紹介してもらえるのです。ほかにも起業に関する集中講義が用意され、おなじ地域で困難な道を切り拓いた先輩起業家も紹介されます。事業が軌道に乗れば、地域社会で雇用を創出し、今度は先輩として、未来の起業家を手助けすることが期待されています。

元気が出る例として、ブラジルの起業家、レイラ・ベレズを紹介しましょう。レイラは、リオデジャネイロを見下ろす丘にあるスラム街、ファベラスで、清掃員としてぎりぎりの生活をしていました。でも、レイラには起業のアイデアがありました。ブラジルには、クセ毛をどうにかしたいという女性が大勢います。レイラと義理の妹のヘロイサ・アシスは、クセ毛をカーリー・ヘアに変えるヘアケア製品を思いついたのです。何年も試行錯誤を繰り返し、ときには大失敗もしましたが、ようやく納得のいく製品ができました。リオデジャネイロに開いたサロンは大流行。そこで、フランチャイズ展開したいと考えるようになりました。そんなときに知った「エンデバー」が、この夢の実現のために手を貸してくれたのです。こうして生まれたベレザ・ナチュラル社は、いまでは一〇〇〇人の従業員を抱え、数百万ドルを売り上げる企業に成長しています。

これは、何百とある成功例のほんのひとつに過ぎません。わたしは二年前、二年に一度のエンデバー最高会議に出席したのですが、会場の熱気と興奮に圧倒されました。どの参加者も、自分が必要とする手段と成功するためのヒントを授けてくれたことをエンデバーに感謝していました。「あなたはどうかしている」と言われて怖気づいていたら、起こりえないことでした。

「不可能に思えること」に挑戦するうえで、いちばん邪魔になるのは、周りから「できるわけがない」と端から決めてかかられることです。大きな問題に取り組むのは、たしかに大変です。でも、いったんやると決めたら、従来のやり方を変えようとするのもおなじくらい大変です。ここでも、いくつかルールを破ることが役に立ちます。以下に紹介する演習では、ルール破りを意外な方法で実践してもらいます。まず、グループごとに、自分たちに関係のある課題を挙げてもらいます。たとえば、電力やガス会社の経営幹部であれば、社内で省エネをいかに実践するか、劇場関係者なら観客をいかに動員するか、ビジネス・スクールの学生であれば、斬新でかっこいいビジネスの種をいかに思いつくか、といったことです。つぎにグループを少人数のチームに分け、各チームには、最初に設定した課題の解決策として、最高の案と最悪の案を考えてもらいます。[*4] 最高の案とは、問題が見事に解決できそうな案。最悪の案とは、成果があがらず利益も出ず、かえって問題が悪化したりするような案です。話し合いがまとまれば、「ベスト」と「ワースト」とラベルを貼った紙に、それぞれの案を書いて提出してもらいます。その紙をどうするか？「ベスト」の案をシュレッダーにかけるのです。時間をかけてひねり出した妙案をズタズタにされて、受講者たちは呆気にとられ、気分を害します。

つぎに、「ワースト」の案が書かれた紙を配り直します。各チームは、ほかのチームが最悪と判断した案を手にするわけです。そして、「この最悪の案を練り直して最高の案にしてください」と指示します。すると、受講者たちは、手元に回ってきた紙を見て、全然ダメなわけではないことに気づきます。じつは、すばらしいアイデアだということがしばしばです。「これは使える！」と言う声が即座にあがるのです。

電力会社の幹部を対象に、「社内の省エネのアイデア」を考えてもらったところ、あるチームは最悪の案として、「従業員ひとりひとりに使用電力を割り当て、それを超えたら罰金を取る」という案を出してきました。この案が回ってきた別のチームは、ひねりを加えて、一考に値する案にしました。従業員にはやはり使用可能な電力を割り当てます。それを下回った場合、現金で払い戻し、上回った場合、料金を徴収するのです。割り当てられた分が余れば、同僚に売ってもかまいません。こうすると、もっと節約する気が起きそうです。

この演習を、スタンフォードのアート・イベントの企画担当者にもやってみました。観客動員数を増やす方法を見つけることが課題です。あるチームが最悪の案として出してきたのは、「スタッフみずから出演するショーを企画する」というものでした。いまは世界中から一流のアーティストを招いているので、その逆を行こうと考えたわけです。この最悪案が回ってきたチームはどうしたか？　発想を変えました。もっと大きく捉えて、募金のための大規模な催し物を企画し、スタッフに限らず、学内の教授や職員が出演者になり、多彩な芸を披露してもらうことを提案したのです。これなら、普段はアート・イベントに足を運ばない人たちを大勢呼びこむことができるし、ほかのプログラムにも注目してもらえそうです。

この演習で事業の企画を考えてもらうと、つぎつぎとアイデアが湧いてきます。「南極でビキニを売る」とか、「ゴキブリ寿司が売りのレストランを開く」、あるいは、「心臓発作を起こす美術館を開く」、といった案もありました。どのケースでも、最悪とされた案は、実際のビジネスとして検討してもいいのではないかと思うくらいすばらしい案になりました。たとえば、南極でビキニを売る案が回ってきたチームは、「ビキニを着るか、さもなくば死か」というキャッチフレーズで、ダイエットしたい人たちを南極旅行に連れていく企画を考えました。過酷な旅が終わる頃には、ビキニが着られる体型になっているはずです。ゴキブリ寿司を売るレストラン、という案を担当したチームは、英語のゴキブリ（コックローチ）をもじった「ラ・クカラチャ」という名のレストランを開くことを思いつきました。好奇心旺盛な人たちを相手に、健康にいい食材をネタにした変わり鮨を提供しようというのです。心臓発作を起こす美術館という案を担当したチームは、健康と予防薬をテーマにした美術館を思いつきました。どのチームが考えた事業、スローガン、ＣＭも、とても説得力があるものでした。

この演習は、何か問題にぶつかったとき、先入観を持たずに、自由な発想で解決策を考えるのに、とても役立つ方法だと思います。一見、バカげていたり、愚かしく思えたりするアイデアにも、少なくとも一粒の実現可能性があることを示しているからです。アイデアには、「良い」か「悪い」かしかないと思いがちですが、そうした思いこみを取り払ってくれます。そして、正しい心がまえさえあれば、どんなアイデア、どんな状況にも何がしかの価値があることを示してくれているのです。たとえ、「ビキニを着るか、さもなくば死か」と銘打った南極ツアーまで実施しなくても、これをたたき台にして、もっと実現性の高い案を思いつくことができるのです。

昔からの親友のジョン・スティゲルボートは、大学院に願書を提出する際、良いとされるアイデアの逆を行く作戦をとりました。ふつうなら最悪だと思うようなことをして、教授に印象づけたのです。ジョンがビジネス・スクールに行こうと思い立ったのは、ほとんどの大学院で願書の受付を締め切った後でした。後がないジョンは、常識破りの方法で、願書を目立たせようと考えました。志願者はふつうすばらしい業績を書き連ねるものですが、ジョンは、親友であり刑務所で同房だったと称する元教授の推薦状をつけたのです。推薦状に書かれた人物評は、およそ審査委員がこれまでにお目にかかったことがない、常識的に見ればひどい内容のものでした。長所として、ゲップで瓶のフタが開けられる、などといったことが書かれていました。ところが、これを読んだ審査委員は、ジョンを候補から外すどころか、ぜひ会ってみたいと面接に呼んだのです。ジョンの好意により、そのわたしとジョン・スティゲルボートの出会いは、グレイハウンド・バスでした。彼は酔いつぶれて、バスの後部の床で寝ていたようです。周りには発泡スチロールのカップやキャンディの包み紙が散らかり、タバコの吸い殻が山盛り。手には空の酒瓶を握っていました。わたしは彼の親友です。セブン‐イレブンに盗みに入って捕まった後、おなじ刑務所に入ったので囚人仲間でもあります。

救世軍で心のこもった食事をした後、連れ立って伝道集会に行ったことがあります。そこで、おなじ女の子に目をつけました（スティゲルボートは敗北と屈辱を快く受け入れました。負け慣れているのです）。

若き起業家を支援するジュニア・アチーブメント・カンパニーや家族経営のクリーニング屋がお困りでしたら、彼のすばらしい資質がお役に立てると思います。あくびをするときには黄ばんだ歯を隠し、屁をこくときには窓を開けます。指笛で大きな音を立て、ゲップで瓶のフタを開けることもできます。シャワーは月に一度。使えるときは石鹸を使います。

バス停のトイレで寝なくて済むように、彼には居場所が必要です。大酒飲みで、変わった性癖を持っていても、初日からクビにされない大企業で職を見つける必要があります。

　変わった性癖をもつ人間は、独創的で何ものにも囚われない発想をするものです。彼の考えはまったく独創的なもので、じつは何も考えていないのかもしれません。

　この男は酒のためとあれば、何でもします。働くことだってするかもしれません。刑務所を出たいま、どこかの大学院が面倒を見てくれたとしても、保護観察司は気にはしないと思います。彼はアウトローのオートバイクラブ、「ヘルズ・エンジェルズ」のリーダーで、わたしが話した連中は皆、ホワイトカラー犯罪に手を染めると言っています。

　バスのうしろの床に寝転がっていた連中のなかでは、この男が最高です。

　全体的な印象としては、わたしがもっともらしく言うほど良くありません。わたしを刑務所から出してください。そうすれば、彼の代わりにシカゴに行けますから。

ワシントン州ワラワラ、ワラワラ連邦刑務所
囚人番号　三三五三四二号　ブフォード・T・モートン

　ジョンが面接に現れると、奇抜な願書を出してきた男を一目見ようと、誰もが自室のドアを開けて覗きました。意外にも、ジョンは礼儀正しく、落ち着いていました。そして、

なんと入学を許可されたのです。

アイデアに「悪い」ものなどない――そう考えられたらブレイン・ストーミングは成功です。実際にブレイン・ストーミングをする際には、駄目なアイデアなどというものはないと、はっきり示すことが重要です。実現可能性がなければ価値はない、という思いこみをなくす必要があるのです。奇抜なアイデアを大歓迎すれば、人に話す前にアイデアを編集してしまうクセはなくなります。当初、提案されたときは非現実的で、とんでもないと思われたアイデアも、長い目で見ればいちばん面白かった、ということはよくあります。最初の数回ではうまくいかないかもしれませんが、ほんの少し工夫すれば、実行可能なすばらしいアイデアへと変わるのです。

実際にブレイン・ストーミングを成功させるには、多くのスキルが必要です。それには練習を積み重ねなければなりません。重要なのは、最初に大きな指針を決め、それを念押しすることです。デザイン会社ＩＤＥＯのゼネラル・マネジャーで、デビッド・ケリーの兄でもあるトム・ケリーが書いた『発想する会社！』（早川書房）という本があります。そのなかに、ＩＤＥＯでのブレイン・ストーミングのルールが述べられています。特に重要なルールのひとつが、ほかの人のアイデアを発展させることです。この方法をとれば、自分が最高のアイデアを生み出したとか、最高のアイデアに貢献したと思える人が増えます。そして、その場の誰もが、どのアイデアにも関わることができ、アイデアが進化する様子を目撃できるチャンスがあります。そこで出たアイデアは周りが応援して、実現に向かいます。

とはいえ、実際にブレイン・ストーミングに参加した経験があるなら、そんな風にうまくいかないことはご存知でしょう。言い出しっぺは自分だ、このアイデアは自分のものだという感覚からはなかなか抜けられません。他人の意見を参考に議論を発展させるのも、簡単ではありません。『Improv Wisdom（即興の知恵）』を書いたパトリシア・ライアン・マドソンは、「アイデアに悪いものなどない」と「ほかの人のアイデアを発展させる」という二つの命題を両立させる、すばらしい演習を編み出しました。まず、グループを二人組に分けます。ひとりがパーティを計画し、もうひとりに提案します。提案された方は、どんなアイデアも否定し、どうしてダメなのか理由を言わなくてはなりません。たとえば、「土曜の夜にパーティをしよう」と誘われたら、「ダメ。美容院に行かなくてはいけないから」などと答えるのです。これを二、三分続けると、提案する方はフラストレーションが溜まりますが、その一方で、なんとか相手にイエスと言わせるアイデアを思いつこうと頑張ります。しばらくしたら役割を交代し、いままでノーと答えてきた人が、パーティの案を考えることにします。提案された方は、今度はすべてイエスと答え、何か付け加えなければいけません。たとえば、「土曜の夜にパーティをしよう」と言われたら、「そうしましょう。わたしはケーキを持っていくわ」などと答えるわけです。これをしばらく続けていると、思いも寄らない飛躍をすることになります。パーティが開かれる場所が海中やよその惑星だったり、見たこともない料理や、奇抜な余興が用意されたりすることになります。その場のエネルギーが高まり、気持ちが高揚し、数え切れないほどのアイデアがつぎつぎと生まれます。

ほんとうに優れたブレイン・ストーミングなら、その場が、こうしたエネルギーに満ちていなければなりません。もちろん、どこかの時点で、何が実現可能なのかを判断するのですが、「アイデアを思いつく」段階では、そうすべきではありません。アイデアを上下逆さまにしたり、裏返しにしたり、常識から外れてもいいのです。ブレイン・ストーミングが終わる頃には、アイデアの幅の広さに驚くはずです。どんな場合でも、掘り下げていけば、いずれ大きなチャンスになるアイデアのタネが、少なくとも二、三個はあるものです。

アイデアを思いつくには、可能性の海を探索しなければならない、ということを肝に銘じておいてください。大胆なアイデアを思いつくのにお金がかかるわけではないし、責任を取る必要もありません。わたしたちが無意識に課してきたルールを破ればいいのです。そのために、自然の法則が異なり、あらゆる制約が取り払われた世界を想像するのです。この段階が終われば、「開発」する段階に移り、さらに掘り下げるアイデアを選びます。この時点では、先ほどより批判的な目で見られるようになります。

どんな組織でも、どんなプロセスでも、ルールを破ることはできます。代表的な例として、クールアイリス社を紹介しましょう。ウェブ上の画像を三次元化し、体感できるソフトを開発した若い会社です。通常の二次元の画像を三次元にすることで、ブラウジングがより速く、より実感に近いものになります。目の前で展開する三次元画像を見ていると、美術館を案内されているような感覚になります。

スタンフォードのふたりの学生、ジョシュ・シュワルザペルとオースティン・シューメーカーが、ベテラン起業家のソーヤナ・ブムカールに出資してもらい同社を起こしました。少ないながらも資金は集まりましたが、苦労したのが人集めでした。これは大問題でした。製品開発の野心的な目標を立てたものの、有能な人材を何十人か確保できなければ、絵に描いた餅に終わります。人材を確保するためには、ふつうのやり方では駄目だったのです。

採用を担当したジョシュは、通常の方法はすべて試しました。掲示板やクレイグ・リスト（コミュニティ・サイト）に人材募集の広告を出し、リンクドインやフェイスブックなどのSNS（ソーシャル・ネットワーキング・サービス）でも入社を呼びかけました。採用の専門家も雇いました。でも、どれもうまくいきませんでした。そこで、発想をがらりと変えて、こうした通常の方法はとらないことにしました。若くて有能な学生に、「ぜひうちに来て欲しい」と頼むのではなく、むしろ学生の方から入れて欲しいと頼んでくるような魅力的な会社にすればいい、と考えたのです。街でいちばんイカした「軍団」になろうと思いました。学生向けの特別なイベントを主催し、就職フェアではいちばん目立つブースを設けました。自社製品を使ったデモンストレーションを、大型のプラズマ・スクリーンで行ない、来場者の度肝を抜き、全員に流行のサングラスを配りました。

スタンフォードの二人の学生、ジョナ・グリーンバーグとマット・ワールも雇いました。キャンパス内にクールアイリスの評判を広め、年齢や専攻に関係なく優秀な人材を見つけてもらおうというわけです。ジョナとマットは学内で有名なので、さまざまなサークルにも顔が利きます。ふたりのお陰で、クールアイリスで働くことが格好いいというイメージが広がり、学生が目指す人気企業になりました。

すると、山のような履歴書が送られてくるようになりました。採用する学生をどうやって決めたのでしょうか？　厳しい試験でふるいにかけることはしませんでした。社員にするかどうかは決めずに、応募してきた学生はほぼ全員を研修生として採用することにしたのです。そうすれば、会社にとっては学生が使えるかどうかがわかり、学生にとっては社風がわかります。学生をテスト走行に駆り出しただけでなく、宣伝役にもなってもらいました。クールアイリスの製品の虜になった学生は、ソフトや会社がいかにすばらしいかを宣伝して回ってくれました。友人を研修生として勧誘したり、ソフトを使ってもらったりもしました。これで採用が楽になり、事業に弾みがつきました。

そうなると、すべてが順調に回り始めました。クールアイリスの常識破りはその後も続きます。研修生と正社員の階層を廃止し、研修生に大型プロジェクトを任せ、結果に全責任を負わせることにしたのです。研修生はそれぞれ、大きなプロジェクトを任されました。目標を達成するために必要なら、何をしてもかまいません。当然ながら、その様子は上の人間が見守っていますが、研修生にも意思決定の権限を明確に与えるのです。たとえば、クールアイリスのソフトを使えるウェブ・サイト数を増やすことが目標だとしましょう。研修生は何をすべきか指示されるわけではなく、各自のプロジェクトを進めるよう促されるだけです。こうして、各人が何をしたのかを把握し、飛びぬけた成果を出した人間に報酬が支払われるようにしました。

ただし、それで終わりではありません。会社に合った人材を見つけようとするなら、実際の仕事ぶりを見るのがいちばんだということがわかりました。そのため、何百人という学生に自社ソフトのユーザー・テストに参加してもらいました。もちろん、ユーザー・テストは、新製品を評価する方法として標準的なものです。それを人材採用の手段として活用したところがミソなのです。テスターの学生とやり取りをするなかで、各人がどんな考え方をしているのか、クールアイリスのソフトをどの程度好きなのか、そして究極的には、会社になじめるかどうかを観察できます。最低でも、ユーザーとして有益なフィードバックは受けられるわけですし、うまくいけば新しい社員を見つけられるのです。

常識に逆らったり、ルールを破ったりするのは、個人や人数の少ない新興企業の方がやりやすいと思うかもしれませんが、大企業でも障害となるルールを変えることはできます。教え子のトリシア・リーから、マイクロソフトの携帯音楽端末「ズーン」の開発秘話を聞いたので、紹介しましょう。「ズーン」は、アップルの「アイポッド」に対抗して企画された製品で、開発スケジュールは非常にタイトでした。予定の期間が半分ほど過ぎた段階で、大胆な目標を達成するのは不可能であることがはっきりしました。ソフトウエアの完成度は半分には遠く及ばず、このままチェックとフィードバック、官僚的な承認手続きなど、通常の作業フローに従えば、完成は大幅にずれ込みます。この問題に対処するため、プロジェクト内のサブ・グループが完全に独立して作業にあたり、ソフトウエアの中核部分を完成しました。これでプロジェクトは軌道に乗り、全体の士気があがり、予定どおり製品が完成したそうです。

マイクロソフトのような企業が導入しているビジネス・プロセスには、拡張性があります。つまり、組織横断的な大きなグループで作業をするようになっています。ですが、拡張可能なプロセスは、必ずしも効率的ではありません。火急の問題があり、突貫工事が必要なとき、トリシアらズーン・チームのように、官僚制を打ち破らなくてはなりません。

じつは現在、多くの企業が「スカンク・ワークス」プロジェクトを立ち上げています。通常の業務とは切り離して、特別チームを編成し、ルールを破ることを認め、自由な発想や働き方を認めているのです。

ルールは破られるためにある――こうした考え方が集約されているのが、よく耳にするフレーズ「許可を求めるな、許しを請え」です。ほとんどのルールは、ある世界で最低限守るべきものとして作られていて、右も左もわからない人にとってはヒントになります。何かをしようとするとき、たとえば映画業界に入るとか、会社を興すとか、大学院に行くとか、選挙に立候補するとか、何でもいいのですが、どうすればいいかを人に尋ねたら、その道の人から支援を受けられるようにする方法をいろいろ教えてもらえるでしょう。映画ならエージェントや元手も必要です。大学院に行きたいなら試験を受けて、入学を許可されなくてはなりません。大多数の人は、こうした手順に従いますが、そうでない人もいます。脇道に入ることによって、ルールを迂回し、通常のハードルを飛び越え、目標に到達できる独創的な方法があることを覚えておいてください。ほとんどの人が、高速に乗るために幹線道路で延々と続く渋滞の列で待っているとき、目的地まで早く着ける抜け道を探そうとする冒険心の持ち主はいるものです。それとおなじです。もちろん、ある程度のルールが設けられているのは、安全を確保し、秩序を守り、大多数の人々に都合のいいプロセスをつくるためです。ですが、ルールは疑ってみる価値はあります。いつも通る道が塞がっていたとしても、ルールを迂回して脇道を通れば目的地にたどり着けることだってあるのです。

これに関連して、「エンデバー」のリンダ・ロッテンバーグが、アドバイザーから聞かされた教訓を紹介しましょう。戦闘機のパイロットの訓練生ふたりが、互いに教官から受けた指示を披露し合いました。ひとりが、「飛行の際のルールを一〇〇〇個習った」というのに対して、もうひとりは、「わたしが教えられたのは三つだけだ」と答えました。一〇〇〇個のパイロットは、自分の方が選択肢が多いのだと内心喜んだのですが、三個の方はこう言いました。「してはいけないことを三つ教えられたんだ。あとは自分次第だそうだ」。この逸話の要点は、すべきことをあれこれ挙げていくよりも、絶対にしてはいけないことを知っておく方がいい、ということです。そして、ルールと助言の大きな違いも教えてくれています。助言を吹き飛ばしてしまえば、ルールははるかに少なくなります。リンダは、エンデバーの運営にこれを活かしています。事業はフランチャイズ方式ですが、してはならないことを三つだけ指示し、あとはすべて各事業主に任せています。

もうひとつ、ルールを破る方法があります。自分自身に対する期待、そして周りからの期待を裏切るのです。コンピューター科学者のアーメン・バージクリーは、一生、ハイテク企業で働くものだと思っていました。大学でコンピューター・サイエンスを学び、大学院では経営工学を学んだアーメンは、エシュロン社にプロダクト・マネジャーとして就職しました。何もかも順調でした。社内の人望もあり、前途は洋々でした。そんなとき、親友が多発性硬化症（ＭＳ）という難病を患いました。親友のためにできることは何でもしたい、力になりたいとアーメンは思いました。勤務が終わった後や週末を使い、「ＭＳとは」というウェブ・サイトを立ち上げました。このサイトは、病気とその治療法に関して有用な情報を提供するとともに、会員制のフォーラムで患者が体験談を語り合えるようにしました。患者はこうした機会に飢えていたため、サイトの訪問者数は急増しました。患者の琴線にふれたのです。そこでさらに本格的なサイトをつくり、誰でも匿名で体験談を書き込めるようにしました。新しいサイトの「体験プロジェクト」は、またたく間に多くのユーザーを獲得しました。そこでアーメンは、むずかしい選択を迫られることになります。収入が安定し、キャリア・パスもはっきりしている安定した職場に勤務し続けるべきか、それとも未知の世界に飛び込み、フルタイムで「体験プロジェクト」の運営に関わっていくのか。

考え抜いた末、アーメンは自分自身や家族の期待から自由になり、この事業に関わっていくことを決断しました。とてもむずかしい決断でしたが、それから何年か経ったいまも、この決断を少しも後悔していません。仕事は大変ですが、ほんとうに大変なのは、自分自身を作り替えるという決断だったのです。[*5]

ここでハイテク業界を離れて、まったく違う分野において、ルールを破ることで大きな価値を生み出した例を見てみましょう。ここ数年、料理や調理法、さらには食べるという行為を大胆に見直すレストランへの関心が盛り上がっています。伝統的な調理法ではなく、実験的な「分子料理法」を実践している少数のシェフたちが、思いも寄らない方向へ、料理の枠を広げています。実験室から持ってきた器具や材料を使い、客の五感を揺さぶります。シカゴのレストラン、モット[*6]の調理場には、風船やビーカー、ドライアイスが用意されていて、奇抜でありながら味の確かな料理がふるまわれます。店で出される「味わい深いメニュー」は、イタリアのパニーニなどで作られていて、実際に食べられるようになっています。モットは、料理の常識を覆そうとしています。パック詰めのピーナッツのように見える料理は、宅配便の箱に入れてテーブルまで運びます。トウモロコシ・スナックのように見えるデザートは、実際にはチョコレート、凍らせたマンゴー、チーズケーキでできています。一皿ごとに、見た目も味も、客の想像をはるかに超えることを狙っています。食を、意外な形と味へと「変えて」いるのです。シェフのひとり、ベン・ロシュは、客の五感に訴えるサーカスを目指していると言います。そのために、食材の下ごしらえから、完成した料理の盛り付けに至るまで、常識とされていることを徹底的に見直し、斬新な調理法を開発しました。料理を食べる際のナイフやフォークのデザインまで、自分たちで考案しています。これは、ぜひとも心にとめておいていただきたいことですが、家の台所で料理をつくるときも、自分のキャリアを考えるうえでも、「かくあるべし」というルールを破ってもいいのです。ルールがあれば安心ですが、それが足枷になることもまた多いのです。

わたしは、いま教えている学生や卒業した教え子に、周囲の期待を裏切った体験談を聞きました。学校や職場、旅行先で障害を乗り越えた話をいろいろ聞いた後、二年前に卒業したマイク・ローテンブルグが、それまでの話を一言でずばりとまとめてくれました。「『決まりきった次のステップ』とは違う一歩を踏み出したとき、すばらしいことが起きるんですね」。踏みならされた道は、誰でも通ることができます。でも、予想もしなかった角を曲がり、何か違うことをしようとしたとき、そして、周りがお膳立てしてくれたルールに疑問を持とうとしたとき、面白いことが起こります。用意された道にとどまった方が楽なのは誰もが認めます。ですが、その先の角にある意外な世界を見つける方がずっと面白いものです。

ルールを絶対視しなくていいことがわかれば、俄然、力が湧いてきます。通常の道は、選択肢のひとつに過ぎないことを覚えておいてください。ふだんはレシピ通りに料理し、大通りを運転し、踏みならされた道を歩いても一向に構いません。でも、常識は何かを考え、見直そうとすれば、そして、自分に投影された自分自身や周りの期待を裏切ってもいいと思えれば、選択肢は限りなく広がります。快適な場所から踏み出すことを恐れないで。不可能なことなどないと呑んでかかって、月並みな考えをひっくり返してください。先ほどの学生の言葉のように、「決まりきった次のステップ」でないことをするには訓練が必要です。経験を積めば積むほど、選択肢の幅は、自分が思っていたよりもはるかに広いことがわかるはずです。たったひとつだけルールがあるとすれば、あなた自身がエネルギーと想像力を解放してあげればどこまでも行ける、ということです。

第4章

財布を取り出してください

機が熟すことなどない

わたしの父は現役時代、有能な企業幹部でした。技術者を振り出しに、マネジャー、経営幹部へと出世を重ね、いくつかの世界的な大企業で要職を務めました。父が副社長から執行副社長へ、上級執行副社長へと昇進を重ねていく姿を、わたしは当然のように見ていました。判で押したように、ほぼ二年おきに昇進したからです。わたしにとって、父の経歴は眩しくもあり、良きお手本だと思っていました。

だから、わたしが新しい名刺を見せたときの父の困惑ぶりには面喰らいました。名刺には「社長　ティナ・L・シーリグ」と書いてありました。わたしは自分の会社を興し、名刺をつくったのです。父は名刺をしげしげ眺めた後、わたしに向かってこう言いました。「自分で自分のことを社長なんて名乗れないよ」。父の経験からすると、誰かが引き上げてくれない限り、トップになどなれないのです。自分で自分を指名することなどできません。父は、誰かに引き上げられてはじめて大きな責任をもつ地位につける世界にどっぷり浸っていたので、わたしがみずから社長を名乗るなど、思いも寄らないことだったのです。

父のような考えの持ち主には、幾度となく出会ってきました。たとえば二〇年前、わたしが本を書くつもりだと友人に打ち明けたとき、「どうして、本なんて書けると思うわけ?」と驚かれました。彼女に言わせれば、誰か権威のある人のお墨付きでももらえない限り、本を書く、などという大それた行為はしてはいけないことでした。でも、わたしには自信がありました。たしかに大それた目標です。でも、やってみない手はありません。

当時、料理の科学についての一般向けの読み物はありませんでした。わたしはそういう本が読みたいのに、手ごろなものがない。じゃあ自分で書けばいい、と考えたのです。わたしはその道のプロではありませんが、科学者なので、追々、勉強すれば材料はなんとかなると思いました。詳細をつめた企画書をまとめ、試しに何章か書いてみました。それを持って出版エージェントを回り、ついに契約にこぎつけたのです。

こうして処女作が出版される運びになったのですが、出版社が宣伝らしい宣伝をしてくれないのにはがっかりしました。そこで、著者には本の露出度を高め、読者には関心のあるテーマの情報を提供するサービスを思いつき、会社を興すことにしたのです。このときも、「どうして会社を興せると思えたわけ?」と何人にも言われました。たしかに起業はわたしの身の丈を超えた挑戦でしたが、何とかなると思っていました。こうして、一九九一年にブック・ブラウザーを立ち上げたのです。インターネットのウェブが生まれる数年前のことです。考えたのは、書店の顧客向けの検索システムで「本と読者をつなぐ」ことです。まずは、自分のマックのパソコンで、ハイパーカードを使って試作品を作りました。ハイパーカードは、現在のホットリンクスのようなもので、一枚の「カード」を別のカードとリンクさせることができます。このカードを使って、著者名や書名、ジャンルを、リンクをたどって検索できるようにしようと考えました。自分で書店を回り、店内に端末を置いてくれるよう掛け合い、同意を取り付けました。自社の出版物をこのシステムに載せることに前向きな出版関係者にも何十人と会いました。そして、これで行けると確信したので、プログラマーを雇い、本格的に製品化しました。「君ならできる」とか、「こうすべきだ」とか、誰に言われたわけでもありません。……わたしはただ、やったのです。

そのうち、人間は二つのタイプに分かれることがわかってきました。自分のやりたいことを誰かに許可されるのを待っている人たちと、自分自身で許可する人たちです。自分自身の内面を見つめて、やりたいことを見つける人がいる一方で、外からの力で押されるのをじっと待っている人もいます。わたしの経験から言えば、誰かがチャンスをくれるのを待つのではなく、自分でつかみに行った方が良い面がたくさんあります。埋められるのを待っているすき間はつねにあり、チャンスが詰まった金塊は地面に転がっていて、拾われるのを待っているのです。机にばかりかじりついていないで、たまには顔をあげ、窓の外を眺めましょう。通りの向こう側や角に、何か見つかるかもしれません。でも、金塊は、それを拾おうという前向きの気持ちを持っている人のために、そこにあるものです。

ポール・ヨックは、まさにそのことに気づきました。前にも紹介したように、ポールはスタンフォード・バイオデザイン・プログラムの責任者です。所属は医学部で、工学部とは文字どおり、通りを隔てた向かいにあります。一〇年ほど前、医学部と工学部が共同で医療技術の開発に取り組んでいないために、大きなチャンスを逃していることにポールは気がつきました。当時、医学部の関係者は、患者のケアを向上する製品やプロセスを開発するのに、技術者を必要としていました。そして、向かいの工学部の技術者は、自分たちのスキルを活かせる難題を探していました。どんな形で協力ができるのか、さまざまな関係者が数ヵ月間、協議を重ねました。医学部と工学部では、研究の中身も使われる語彙もかなり違っているので簡単には進みませんでしたが、最終的にひとつの案がまとまりました。こうして生まれたのがバイオデザイン・プログラムなのです。おなじ時期に、同様の共同研究を立ち上げたグループはほかにもあり、こうしたグループが、バイオXというひとつの大きな傘の下に集まることになりました。壮大な構想だったため、実行に移され、成果を出すには何年かかかりましたが、生産的な学際研究として、医学部と工学部の校舎のあいだに専用の立派なビルが建つまでになっています。この逸話からわかるのは、通りの向こうでチャンスが見つかることもある、ということです。顔をあげて、通りの向こうを見さえすればいいのです。ポールは、そうしろと誰から言われたわけでもありません。そうすべきだと自分で気づき、実行したのです。

ポールに限らず、ほかの人なら避けて通るような溝に橋を架け、穴を埋めた人、ほかの人なら避けて通る役割を自らに課した人たちに、これまで大勢出会ってきました。そのなかから、とっておきの例を紹介しましょう。デブラ・ダン[*1]は、キャリアのほとんどをＨＰ（ヒューレット・パッカード）で過ごしてきました。最初に配属されたのは、本社の管理部門でした。何年かして、ある事業部門への異動を強く勧められました。事業部を経験すれば、社内の仕組みが見えてくるというのです。そんなとき、試験・計測機器グループで、人材担当マネジャーのポストが空きました。デブラ自身は、人材開発の専門家だとは思っていませんでしたが、事業部門のことを深く知るチャンスだと考え、引き受けました。

数年後、HPでは解雇を避けるために、早期退職者を募集することになりました。割増退職金が支払われることから、デブラのグループの幹部は一斉に早期退職しました。グループの組織は一変し、新たな責任者がやってきました。埋めるべき大きな穴がいくつかありました。デブラはこうした組織の穴に気づき、このチャンスは活かすしかないと考えました。新たに組織された部門で、製造担当の責任者として名乗りをあげたのです。製造グループを率いた経験はありませんでしたが、前任者と仕事をする時間が多かったことから、自分にもできる、足りない知識は後から学べるという自信があったのです。デブラの経歴からすれば、候補にもならないところでしたが、デブラは自分ならやれるということを新しい上司に納得してもらうことができました。結果的に、デブラは新たな視点を持ち込み、多くの良い変化をもたらしました。そして、その二年後、おなじ作戦で、マーケティング部門の上級ポストにつきました。このときも、誰かの指示を待っていたわけではありません。ただ、自分のスキルを新しいポストにふさわしいものに組み換える方法を、自分で見出しただけなのです。

デブラの例からもわかるように、新しい分野に移る場合、それまでに身につけたスキルを活かす方法を見極めるのが最善の方法のひとつだと言えます。元々そこにいる人たちは、ほかの分野との共通点になかなか気づかないものです。それをあきらかにすることが必要になります。それぞれの分野で使われる言葉はまったく違っているのに、仕事の中身が驚くほど似ていることがあります。科学者と経営コンサルタントだってそうです。わたしは神経科学で博士号を取得した直後、バイオテクノロジーのベンチャー企業で働こうと決めました。何が問題だったのか？　研究者としてではなく、マーケティングや戦略部門で働きたかったのです。その分野では何の経験もないのですから、ほとんど無理だと思われました。面接を受けたベンチャー企業は、即戦力になる人材を探していました。わたしは何ヵ月も面接を受け続けました。大抵いい線までは行くのですが、最終的に採用されることはありませんでした。

そんなとき、世界的なコンサルティング会社、ブーズ・アレン・ハミルトンのサンフランシスコ支社の責任者に紹介してもらえることになりました。わたしとしては、この責任者に気に入られ、同社の顧客である生命科学関連の会社に推薦してもらおうという算段でした。ところが、会うなり、「神経科学で博士号を取った人間が、どうして優秀な経営コンサルタントになれると思うのか」と聞かれたのです。「経営コンサルタントになろうなど考えたこともない」と正直に話すこともできました。でも、失うものなど何もないわたしは、とっさに、脳の研究と経営コンサルティングがいかに似ているかを話していたのです。どちらにも共通するのは、火急の問題を特定し、関連データを集め、それを分析すること。そして、結果のなかからとくに興味深いものを選び出し、説得力のあるプレゼンテーションを考え、次なる火急の問題を決めることなのだと。その日の午後、改めて面接に呼ばれ、夜には採用の打診がありました。もちろん、わたしは受けました。事業のイロハを学び、さまざまな産業について知るうえで、経営コンサルタントはまたとない職業でした。そして、科学者として受けた教育も活かせました。ときには必要に迫られ、ときには好奇心から、わたしはこうした無謀と言われる挑戦を何度も繰り返してきました。その都度、自分のスキルを組み換え、新たなチャンスをつくったのです。神経科学者が、どんな経緯で技術者に起業家精神を教えることになったのかと聞かれれば、「話せば長いのよ」と答えるしかありません。

これまでの例からわかるのは、どんなに複雑な組織であっても、チャンスはつねに身近にある、ということです。チャンスを活かしたいがスキルが合わないと思えても、ほんの少し工夫すれば、自分のスキルを活かせる方法が見つけられます。ポール・ヨックは、大学という場で見逃されてきた機会を見出し、革新的なプログラムを立ち上げ、ニーズに応えました。デブラ・ダンは会社で穴を見つけ、誰かほかの人から与えられそうにはない役割を果たすために、自分のスキルを活かす方法を見出しました。そしてわたしは、自分のスキルを定義しなおす方法を見つけたことで、一見かけ離れたふたつの分野を行き来することができたのです。

自分で自分を押し上げるには、ほかの人たちが切り捨てたアイデアに目をつけ、それを何らかの役に立つものに変える方法を見つけることも、ひとつの手です。他人が迂闊にも投げ捨ててしまったプロジェクトは、磨けば光る原石かもしれません。前にも言いましたが、人はアイデアの価値を完全に評価していないか、その価値を徹底的に掘り下げる時間がないために、アイデアを捨ててしまう場合があります。こうして切り捨てられたアイデアは、有望であることが多いのです。

マイケル・ディアリングは、ディズニーの企画部門からキャリアをスタートさせました。その後、みずから小売事業を立ち上げたもののうまくいかず、ネット・オークションの大手、イーベイに入ることになりました。最初に与えられた仕事はそれほど面白いものではなかったため、空いた時間に、社内で開発されたものの、放棄されたか放置されている機能、誰かに発掘されるのを待っているアイデアを見直してみようと考えました。二〇〇〇年のことですが、当時、イーベイでは、追加料金二五セントを払えば、標準的な出品リストに、出品物の写真を添付できるサービスが新たに導入されたばかりでした。マイケルは、このサービスの利用者が一割に過ぎないことに気づきました。そこで、このサービスを分析し、写真付きの出品物の方が、写真のないものよりも、より速く、より高い値段で落札されていることを突き止めました。この説得力のあるデータをもとに、写真サービスのマーケティングに力を入れた結果、利用率は一割から六割に高まりました。イーベイの年間売上高も三億ドル増加しました。ポイントは、マイケルが誰に指示されたわけでもなく、埋もれていた金塊を見つけ、それを掘り起こした結果、めざましい成果があがった、という点です。会社は最小のコストで、莫大な利益をあげられたわけです。

じつはマイケルが身近に眠れる資源に目をつけたのは、これが初めてではありません。子どもの頃から、有名人に手紙を書いては、返事をもらうのが何より楽しみでした。たいてい返事が来ました。いまでもこの趣味を続け、自分が尊敬する人たちに電子メールを送っています。ほぼ百パーセント、返信が返ってくるそうです。長い付き合いになることもしばしばで、そのなかから面白いチャンスに恵まれたりもします。マイケルが自分から相手に何かを求めるようなことはありません。最初は、相手の行為に対する御礼であったり、業績を褒め称えたり、単純に質問したりするだけです。場合によって、自分がお役に立てることはないだろうかと申し出ることもあります。人と接するのに、声をかけられるのを待ったりしません。自分から動くのです。

デブラ・ダンやマイケル・ディアリングのように、自分の持つスキルの幅を積極的に広げ、リスクを取って新しいことに挑戦する人の方が、自分のスキルや潜在能力はこれだと決めつけ、決まった役割に徹する人たちにくらべて成功する可能性がはるかに高いことは、数多くの調査で示されています。スタンフォード大学心理学部のキャロル・デックは、この点を広範に論じていますが、そのなかで、自分が得意なことはこれだと決めてかかるタイプの人は、得意なことを増やし、成長していこうという人にくらべて、長い目で見て成功する確率がかなり低くなることをあきらかにしています。キャロルは、人間の自己評価に焦点をあてた研究を行なっています。自分ができることはこれだ、と固定的なイメージを持っている人は、そのイメージが揺らぐようなリスクを取ろうとはしません。これに対して、できることを増やしていこう、という成長志向の人は、自分の掲げた目標を達成するために、リスクを取ることも厭わず、精力的に動こうとする傾向があります。新しいことに積極的に挑戦し、自分の可能性を伸ばします。そうすることで、まったく新しい分野が拓けてくるのです。

では、どうやって埋めるべき穴を見つけるのでしょうか？　じつは、ごく単純なことです。第一段階は、注意力を身につけること。Dスクールの同僚は、チャンスを見極めることの本質を突いた演習を開発しました。演習の参加者は、まず自分の財布を取り出すよう指示されます。つぎに、二人一組にして、互いに財布について質問してもらいます。自分の財布のどこが好きか、どこが嫌いか。特に注目するのが、買い物するときの財布の使い方や、財布に何を入れているかです。

いちばん面白いのは、最初に各自が財布を取り出したときです。すっきりした薄い財布もあれば、紙類でぱんぱんに膨らんだ財布もあります。財布もファッションのひとつと考えている人もいれば、写真やレシートなどあらゆるものを詰め込んでいる人もいます。なかには、クリップでお札を留めただけの人もいます。財布はただお金を入れるためのものではなく、それぞれに違う役割を持っているのです。インタビューでは、各自がどんな使い方をしているのか、財布とは何なのかがあきらかになり、物足りない財布をうまく使うための変わった工夫までわかります。自分の財布に何の不満もない、という人はまずいません。つねに何かしら改善できる点があるものです。じつは、いつも持ち歩いている財布に、何らかの不満を感じている人がほとんどです。大きさが気に入らないとか、探し物が見つかりにくい、というのも不満のタネです。時や場所によって、使い分けたいという人もいます。

インタビューが終わると、ペアの相手である「顧客」のために、新しい財布をデザインして作ってもらいます。材料は、紙やテープ、マーカー、はさみ、クリップなどのありふれたものです。ほかにも、部屋のなかにあるものは何でも使ってかまいません。制限時間は三〇分。試作品が仕上がったら、顧客に「売り」ます。たいてい、いちばんの不満だった点が解消されています。アイデアに感心し、手に入るのであれば金を払って買いたい、と言う人も出てきます。必要なときにお札を刷ってくれる財布、といったSFまがいの奇抜な要望もありますが、すぐれたデザイナーさえいれば、すぐに実現できる要望も多いのです。

この演習から、いくつもの教訓が引き出せます。第一に、財布は、解決すべき問題がいたるところにある、ということのひとつの象徴です。ズボンの後ろのポケットのなかにさえ、あるのですから。第二に、こうした問題を掘り起こすのに、大した手間はかかりません。じつのところ、不満に思っていることや悩みのタネを、人は喜んで話してくれるものです。第三に、試しに解決策を提案することによって、即座に忌憚のない意見が返ってきます。労力も資源も時間も、それほど使わなくていいのです。最後に、たとえ解決策が的外れであったとしても、かかったコストはごくごく小さくて済みます。とにかく、やってみること。それに尽きます[*2]。

わたしはこの演習を、大小さまざまなグループにやってもらいました。子どもにも試してみましたし、医師や経営幹部にもやってもらいました。どのグループの参加者も、どんなものにも改良できる点がある、という単純な事実に気づいて驚いていました。財布、靴ひも、リュックサック、ソフトウエア、レストラン、ガソリンスタンド、洋服、コーヒーショップ……演習ではじつにさまざまなものを取り上げました。課題を出されなくても、この演習はひとりでできます。じつを言えば、成功した起業家はみな、こうした演習を無意識に実践しているのです。どこかに改良できる点はないか、つねに目を凝らして見ています。家庭や職場、食料品店、飛行機の機内、海岸、病院、野球場……場所は問わず、チャンスを見つけようとしているのです。

財布の演習は、製品デザインに焦点をあてたものですが、サービスや経験、組織構造を見直す際にもおなじ方法が使えます。Dスクールでは、学生に考え方の全面的な見直しを迫り、幅広い経験の機会を与えるプロジェクトを考案しました。テーマは、アメリカの初等教育からインドの農村部の灌漑、革新的な組織の管理まで、じつにさまざまです。改良すべき点があるはずだと思って見ていると、限りない可能性に気づくはずです。それをチャンスととらえて、挑戦するのかどうかを決めるのは、あなた次第です。

世の中には、積極的に課題に挑み、リーダーの座をつかむのを得意とする人がいます。わたしはこの点について、ワシントンを拠点とする世界的なアドバイザリー会社、ガーデン・ロスコフのCEOのデビッド・ロスコフとその著書から、多くのことを学びました。著書の『超・階級《スーパークラス》』（光文社）では、一般の人よりも力があり、影響力の大きい人たちに注目しています。[*3] デビッドは、世の中の中枢にいて、年に一度、スイスのダボスで開かれる世界経済フォーラムで交流を深めるトップ・リーダーの人間像に迫りました。こうした人たちと、わたしたち一般人の違いはどこにあるのか、デビッドに尋ねました。デビッドが挙げた資質の多くは、本のなかでリーダーが挙げている点と重なっていました。頂点に上りつめる人は、そうでない人たちよりも精力的に働く。前に進もうとする推進力が大きい。目標に到達しようという意欲が格段に強い。かつて、世のリーダーたちは、富や人脈を親から受け継いでいましたが、いまはそうではありません。大多数の人が、自力で大きな成功をおさめています。その意味するところは何か？　成功を阻む最大の壁は、自己規制だということです。デビッドはこんな風に言っています。「並はずれた業績を達成した人々の最大の味方は、ほかの人たちの怠慢である」

デビッド自身が、こうした資質の持ち主であり、誰かがチャンスをくれるのを待つのではなく、自然にチャンスをつかみに行っています。最初に立ち上げた会社、インターナショナル・メディア・パートナーズは、有能な経営者向けの会議の企画を事業のひとつにしていました。若い企業にとって、いまをときめくやり手の経営者をどうやって一度に集められるかが大きな問題でした。デビッドらは、何か目玉が必要だと考え、ヘンリー・キッシンジャーの講演を目玉にしようと考えました。でも、どうすればキッシンジャーに来てもらえるのでしょう？　なんとか事務所を探りあて、会議で講演してもらえるかどうか尋ねたところ、スタッフにこう言われました。「講演するのは問題ありませんが、料金は五万ドル。プライベート・ジェットに二人のパイロットと、リムジンを用意してください」。元手がないのですから、講演料はいくらであっても払えません。それでもデビッドは、「わかりました。用意します」と答えました。ヘンリー・キッシンジャーさえつかまえられれば、ほかは収まるべきところに収まる——デビッドはそう考えていました。実際、その通りでした。キッシンジャーが承諾すると、レーガン政権の国務長官のアレクザンダー・ヘイグ、カーター政権の国務長官のエドマンド・マスキーも来てくれることになりました。その後、続々と著名人が講師として名を連ねました。こうしたキラ星のごとき参加者を見て、ＣＥＯが大挙して参加を表明しました。そのお蔭で、スポンサーを募り、講師全員に払う講演料を上回る協賛金を手に入れることができました。デビッドにとって、キッシンジャーと面識がないことも、元手がないことも、障害にはなりませんでした。自分にあるもの——エネルギー、懸命に働く意欲、そして何かを実現しようという熱意をうまく活用することで成功できたのです。

　話はさらに続きます。インターナショナル・メディア・パートナーズでデビッドの同僚だったジェフリー・ガーテンが、第一次クリントン政権で商務次官に就任しました。ジェフの推薦で、デビッドも商務省の国際貿易担当次官補に就任することになりました。大きな執務室を与えられ、大勢のスタッフもつきます。一流のポストに思えました。でも二週間もすると、ジェフの執務室を訪れ、もう辞めると言い出しました。お役所体質に我慢ならなかったのです。何をするにも時間がかかりすぎて、やろうとすることができない。そう言うデビッドを、ジェフは散歩に連れ出し、こんなジョークを聞かせました。

むかし、ゴルドベルグという名の男がいた。ひたすら金持ちになりたいと思っていた彼は、来る日も来る日もシナゴーグに通い、宝くじに当選させてくださいと祈った。何年経っても、一向に当たらない。ゴルドベルグもとうとう堪忍袋の緒が切れ、「神よ、あなたにはほんとうに失望させられました」と言ってしまった。すると突然、沈黙を破り、神の厳かな声が響いたんだ。「ゴルドベルグよ。汝はわたしに手を貸すべきだ。汝は少なくとも宝くじを買えるのだ」

……………………………………

ジェフは、デビッドもすでにわかっていることを思い出させようとしたのです。当事者にならないかぎり、ワシントンで「成功することはない」ということを。宝くじは、買わなければ当たらないのです。誰も成功するためのツールを授けてはくれません。オフィスに戻ったデビッドは、誰かの指示を待つのではなく、自分の直観に従って仕事を進めることにしました。そして、埋めるべき穴が数限りなくあり、自分が使える資源も膨大であることにすぐに気づきました。この話には、すばらしい結末があります。商務省を去って数年後、デビッドはヘンリー・キッシンジャーの個人事務所の責任者になりました。キッシンジャーを会議に呼ぶことを夢見ていた若者が、ついにはビジネス上のパートナーとして肩を並べることになったのです。

デビッドは、自分自身の人生にも、また本を書くにあたって調査したリーダーたちの人生にも、こうした話が何度も出てくるのを目の当たりにしました。成功している人は、自分自身を成功に導く道を見つけ出しているのです。何か秘訣があるわけではないし、密約があるわけでもないし、魔法があるわけでもありません。デビッドが取材した人たちにはそれぞれ、指紋のようにひとりひとり違った、個性的な物語がありました。共通しているのは、そのときどきのトレンドに目を向け、自分のスキルを活かして、影響力を強化している点です。歴史に動かされるのを待つのではなく、歴史を動かす方法を見つけているのです。

リーダーになろうと思ったら、リーダーとしての役割を引き受けることです。ただ自分に許可を与えればいいのです。組織のなかに穴がないか探す。自分が欲しいものを求める。自分のスキルと経験を活かせる方法を見つける。いち早く動こうとする。過去の実績を乗り越える。チャンスはつねにあり、見つけられるのを待っています。誰かに声をかけられるのを待ちながら、慎重に様子を見るのではなく、チャンスはつかみに行くのです。がむしゃらに働かなければならないし、エネルギーも使います。意欲も必要です。でも、これこそがリーダーをリーダーたらしめている資質であり、指示待ちの一般人とは違っているところなのです。

第5章

シリコンバレーの強さの秘密

早く、何度も失敗せよ

わたしは学生に「失敗のレジュメ」を書くことを義務づけています。私生活や仕事上、あるいは学校で犯した主な失敗をまとめてレジュメにするのです。それぞれについて、その経験から何を学んだかも書いてもらいます。学生は成功したことばかり書くのに慣れているので、この課題を出すと呆気にとられます。でも、レジュメを書き終えると気づきます。失敗というレンズを通して自分の経験を見ることによって、自分が犯してきた過ちを受け入れられるようになるのだと。その証拠に、むかしの教え子たちの多くは、何年経っても、通常の成功のレジュメと並行して、失敗のレジュメを更新し続けています。

このアイデアは、ペンシルベニア州立大学のリズ・キーセンウェザーから拝借しました。初めて知ったとき、これは使えると思いました。失敗から学ぶものが大きいことを、手っ取り早く示せるからです。とくに、少々無理して自分の能力を伸ばそうとしたとき、何かに初めて取り組んだとき、リスクを取ったとき、失敗から学べることはたくさんあります。人材の採用にあたっては、成功した経験ばかりでなく、失敗の経験も評価します。挫折すれば学習するし、おなじ過ちを繰り返さない可能性が高まるからです。失敗はまた、その人がスキルを広げる挑戦をした証でもあります。じつは、成功者の多くは、失敗の経験がない人について、十分なリスクを取っていないからだと考えているのです。むかしの教え子に触発され、わたしも自分の失敗のレジュメを公開することにしました。代表的なものだけの簡略版を示します。これまでの三〇年間に、このレジュメを更新してくればよかったと、いまになって思います。自分が都合よく忘れていた過ちを思い出し、そこから学べるのは、どんなにか面白かったでしょう。

ティナ・L・シーリグ

仕事上の失敗

注意力の不足……駆け出しの頃は、組織の仕組みをわかったつもりになっていた。企業文化について、間違った判断を下した。もっとじっくり観察し、決めつけなければよかった。

やめるのが早すぎた……自分の会社を経営するなかで壁にぶつかった。技術面でも組織運営の面でも非常に厳しく、解決策を見出すには大変な苦労が必要になった。解決策を見つけることに全力を傾けられるほど、自信がもてればよかった。

学問上の失敗

ベストを尽くさなかった……大学の最初の二年間は、どの授業にも真剣に取り組んだわけではなかった。授業を最大限に活用するチャンスを逃してしまった。このチャンスは取り戻すことができない。

人間関係のマネジメント……博士課程のときのアドバイザーとの関係に苦労した。わたしは教育に時間をかけたかったが、アドバイザーは研究に時間を取るべきだと考えていた。ふたりの目標を擦り合わせればよかった。

私生活での失敗

争いを避けた……大学時代はボーイフレンドがいたが、卒業が近づくにつれて、将来のことでストレスが溜まっていった。二人で話し合うことなく、わたしから関係を終わらせてしまった。そのときの状況や自分の気持ちを、素直に話すことができればよかった。

自分の心の声に従わなかった……叔父がニューヨークで亡くなったとき、わたしはカリフォルニアに住んでいた。周りからわざわざ葬式に行くことはないと言われ、出席を見合わせた。いまだに、それを後悔している。人生には、どうしてもやらずにはいられないこと、周りの意見と違っても、自分が正しいと思った行動をとるべきときがあることを学んだ。

リスクを取ろうとする意欲と、失敗に対する反応は、国によって大きなばらつきがあります。失敗したときの悪い面が多すぎて、個人がリスクに対して過敏になり、どんなリスクも取ろうとしない文化があります。こうした文化では、失敗が「恥」と結びついていて、若い頃から、成功の確率が高い決まった道を歩くよう教育されています。失敗したら恥をかくようなことには、挑戦しようとしません。タイのように、失敗すると、人生をやり直すため、名前まで変える社会もあります。実際、二〇〇八年の北京オリンピックでは、重量挙げで優勝した選手が、「名前を変えたおかげで勝てた」とインタビューで答えていました。

グローバル・アントレプレナーシップ・モニター（GEM）[*1]では、リスクに対する意欲や失敗に対する許容度の観点から、年に一度、世界各国の起業状況に関する詳しい報告書を発表しています。この調査結果から、社会全体のリスク許容度を左右する重要な要素がわかってきました。たとえばスウェーデンなどの国の破産法では、会社が倒産した場合、経営者は債務から逃れられません。事業に失敗すれば、自分や家族に長期にわたる厳罰が待ち受けているということが、起業意欲を損なう大きな要因になっています。失敗に対しておなじくらい容赦のない国は、ほかにもあります。こうした国では、一度失敗すると、友人や隣人、同僚から失敗者の烙印を押されます。最近、ウォール・ストリート・ジャーナル紙に、いくつかの国で、債権の取り立て人が債務者を侮辱するようすが紹介されていました。[*2] スペインの例では、取り立て人が奇抜な格好で債務者の自宅に押しかけます。近隣住民の気を引き、債務者に恥をかかせようというのです。こうした文化では、社会的に馬鹿にされる危険を冒してまで、敢えてリスクを取ろうとする人はいなくなります。

こうした文化の対極にあるのがシリコンバレーです。失敗はイノベーションのプロセスの一部として、当然のことと受け止められています。ベンチャー・キャピタルのドレイパー・フィッシャー・ジャーベットソンのパートナーであるスティーブ・ジャーベットソン[*3]は、「失敗こそシリコンバレーの強みの源泉」だと言います。KPCBのランディ・コミサーは、「失敗を財産だと見られるかどうかが、起業家が生まれる土壌の目安になる」と言います。ランディはまた、「一度も挫折したことのない人を見ると、経験から何かを学べたのだろうかと不思議に思う」とも言っています。

ごく基本的なレベルでは、誰もが失敗を積み重ねて学んでいます。赤ん坊が歩き方を覚えるまでを考えてみてください。大人は歩けるのが当たり前だと思っていますが、赤ん坊はハイハイから始めて、つかまり立ちをするようになり、何度も転んで、ようやく歩けるようになります。キャッチボールや計算も、おなじように失敗を繰り返して練習を重ねるうちにできるようになります。子どもに対して、何ごとも最初から完璧にできるなどとは期待しません。だとすれば、高度な仕事に挑戦しようという大人に対して、最初から正しくできるはずだと期待するのはおかしいのではないでしょうか。

失敗を経験し、成功も経験するなかでこそしっかりと深く学ぶことができる。わたしはそう考えるようになりました。自分でやってみもしないで学ぶことはほとんど不可能です。いろいろ試してみれば、失敗も避けられませんが、そこから学ぶことがあるはずです。サッカーの規則集を読んだからといってサッカーができるわけではないし、楽譜が読めたからといってピアノが弾けるわけでもありません。レシピを眺めただけでは、料理は作れません。わたしにも覚えがあります。神経科学の大学院生だった頃のことです。神経心理学の原理が学べる講義をいくつか取りました。筆記試験には合格したものの、顕微鏡の下で実際に神経を切り、小さな電極をとりつけ、オシロスコープのスイッチを押してはじめて、学んだことを理解できたのです。おなじことですが、リーダーシップに関していえば、本を読むことならいくらでもできます。でも、本物のリーダーが直面した課題をやってみないかぎり、リーダーになる備えはできないのです。

学生たちにこうしたチャンスを与えようというのが、スタンフォードのメイフィールド・フェローズ・プログラムです。経営工学のトム・バイヤーズ教授とわたしが共同で運営にあたっています。[*4] 九ヵ月のプログラムでは、まず、事例研究をつうじて起業家精神とは何かを徹底して教えます。講義の四分の一が終わったところで、一二人の学生はそれぞれベンチャー企業に派遣され、夏のあいだを過ごします。学生は、各事業で主要な役割が割り当てられ、幹部から指導や助言をしてもらいます。ベンチャー企業がどんなリスクに直面し、どのように対処するか、不十分な情報で意思決定を迫られたときにいかに重圧がかかるのか、そして、めまぐるしく移り変わる環境のなかで事業を引っ張っていくのがいかに難しいかを、学生たちは身をもって体験するわけです。こうして夏のあいだ濃密な体験をした後は、一〇週にわたって、その間の様子を各自に報告してもらいます。毎回、ひとりの学生が講師になり、研修中にぶつかった重要な問題について、議論を主導してもらうのです。

このプログラムを履修した学生は、激しく変化する環境のなかで、猛烈なスピードで事業を進めることの意味について奥深い発見をします。学生たちは、資金繰りの行き詰まりや、経営陣が交代した後の戦略見直し、最先端の技術を製品化する難しさ、業界のガリバー企業に伍していくという手ごわい課題と格闘する様子を目の当たりにします。そして、夏が終わる頃には、自分たちが働いた会社で一、二年後に生き残っているのは一握りしかないことに気づきます。優秀な人たちがこれだけ努力していても、その多くは失敗するのです。

ベンチャー・キャピタル業界は、失敗に投資しているようなものです。出資したベンチャー企業の大多数が破綻する運命にあるのですから。ベンチャー業界とおなじくらい成功

率が低いのが、玩具、映画、出版業界です。本の出版を見てみましょう。ニールセン・ブックスキャンによると、二〇〇四年にアメリカで出版された書籍は約一二〇万点にのぼります。このうち五〇〇〇部以上売れたのは、わずか二万五〇〇〇点、率にして二パーセントに過ぎません。一点あたりの販売部数は平均五〇〇部を下回っています。だからといって、どれが大ヒットするかを予想するのはほぼ不可能です。その結果、出版社は、ベストセラーになるのはごく稀だと知っていながら、ヒットを狙ってつぎつぎと本を出し続けるのです。成功に至る道には、たくさんの屍が横たわっています。出版社も玩具メーカーも映画プロデューサーも、それをよく知っています。

起業家のミア・イムランは、数多くの会社を次々に立ち上げてきました。同時並行的に立ち上げたものも多数あります。[*5] 経済状況がどうであれ、大半のベンチャー企業が失敗に終わっていることを思えば、ミアの成功率は驚異的です。その秘訣を尋ねたところ、駄目だと思ったら早めに見切りをつけているからだという答えが返ってきました。成功する見込みの低いプロジェクトは容赦なく中止して、成功する確率が高いプロジェクトに精力を注いでいるのです。新たな事業を立ち上げる際には、初期段階に厳格な規律を導入し、分析を徹底することで、長期的に成功する確率を引き上げています。

プロジェクトからの撤退は、いつでも難しいものですが、膨大な時間とエネルギーをつぎ込む前の初期の段階であれば、はるかにやりやすいものです。後になればなるほど、時間やエネルギーをつぎ込んでしまい、引くに引けなくなります。仕事でも、株式投資でも、人間関係でもおなじことが言えます。あのレオナルド・ダ・ビンチも、「最初に抵抗する方が、あとになってから抵抗するよりも楽」だと言っています。組織行動の専門家のロバート・サットンは、著書の『あなたの職場のイヤな奴』（講談社）のなかで、「ダビンチ・ルール」を詳しく論じています。サットンは、自分に合わない仕事は、どうしようもないと思ったらすぐにやめるべきだと言います。[*6] 一般論としてまとめたものを紹介しましょう。

何かを決める際には、過去にどれだけコストをかけたかを考えに入れるべきではない——たいていの人は、この原則を知っている。だが「投資しすぎて、引くに引けない症候群」はかなり強力だ。何年にもわたって努力や苦労を重ねてくると、つい正当化したくなり、自分自身にも周りにも「これにはなにか価値や意味があるはずだ」とか「だからここまで賭けたのだ」と言ってしまう。

……………………………

何かをやめると、じつは驚くほど元気が出ます。決めるのは自分であり、その気になればいつだってやめられることに気づきます。自分で自分を檻に入れ、見張りをする必要などないし、うまくいかない場所に引きこもる必要もありません。とはいえ、やめるのが簡単なわけではありません。わたしにも、自分に合わない仕事をやめ、うまくいかないプロジェクトを中止した経験がありますが、どちらの場合もとても大変でした。わたしたちは、途中でやめるのは、自分が弱い証拠だと教えられています。現実は、その逆である場合が多いのですが。やめることが、もっとも勇気ある選択の場合もあります。自分の失敗に向き合い、それを公にしなくてはならないのですから。やめることの最大の利点は、まっさらな状態からやり直せることです。そして、何が起きたのかを時間をかけて分析するなら、やめたことが貴重な経験になって学ぶことができます。

ランディ・コミサーは、アップルからスピンアウトしたソフトウエア会社、クラリスの副社長をやめる際、敗北感を味わいました。明確なビジョンを持っていたランディは、そのビジョンが達成できないと悟ったとき、会社を去る決心をしました。ランディの「失敗」は誰もが知るところであり、そのことでひどく傷つきました。それでも、この職から解放されたために、自分は何に情熱を持っているのか、自分のスキルを最大限活かすにはどうすればいいかを見直す機会が得られたことにすぐに気づきました。クラリスで不満が溜まっていたのは、クラリスの製品にも、自分がやっている仕事にも情熱が持てなかったからだ、ということがはっきりわかったのです。ランディは、会社の大きな構想を練り、ビジョンを点検するのは好きでしたが、日常のマネジメントには熱が入りませんでした。

ある新興企業のＣＥＯへの就任を打診されたランディは、自分がＣＥＯになるのではなく、ＣＥＯと共に会社の方向性を考えたいと提案しました。「仮想ＣＥＯ」という、いままでにない役割を自分のために作り出したのです。その後は、仮想ＣＥＯとして、並行して多くの企業に関わることができるようになりました。ＣＥＯのコーチであり、ご意見番であり、アドバイザーですが、日常業務に責任は負いません。こうしたやり方は、ランディ自身にも、そして各企業にとっても合っていました。「一度、躓いたからこそ、自分の情熱を身近なチャンスに結びつける方法が考えられた」とランディは言います。うまくいかないアイデアの例は、引き際を知るのが肝要だということを教えてくれます。うまくいかないアイデアを考え続けるのをやめ、次に移るべき時機を知らねばなりません。

じつは、失敗を成功に変える方法は数多くあります。大きな失望を逆転勝利へと結びつけた例として記憶に残る出来事が、「イノベーション・トーナメント」にありました。このときのテーマは、ゴムバンドを使って、五日間でできるだけ大きな価値を生み出すことでした。あるチームは、「願いごとの木」をつくろうと考えました。キャンパスのほぼ中央、大学の書店の向かいの木を見つけ、六角形の網目状の金網を巻きつけました。そしてそこに、メッセージを添えたゴムバンドを結びつけました。通りかかった人に、願い事を書いて結びつけてもらおうというのです。学生たちはネットワーキング・サイトやメーリング・リストで告知したり、木の前に立って通りかかった人に声をかけたりして宣伝につとめましたが、残念ながら関心を持ってもらえませんでした。

呼び水にしようと、自分たちでゴムバンドを結んでみましたが、たいした効果はありませんでした。宣伝を派手にし、呼び込みにも力を入れましたが、やはり効果はありませんでした。学生たちを余計に落ち込ませたのは、目と鼻の先でおなじようなことをやっているチームが注目を集めていたことでした。このチームは、大きなゴムバンドを蜘蛛の巣状にして、学生が秘密を書いた紙を結べるようにしていました。ゴムバンドの蜘蛛の巣は、秘密が書かれた色とりどりの紙で飾られ、そよ風になびいていました。すぐ側にある、裸同然の「願いごとの木」とは大違いです。

「願いごとの木」チームは、これは失敗だったと認めることにしました。でも、そこで終わりませんでした。この失敗を検証して三分間のビデオにまとめることで、多くの教訓を引き出したのです。「願いごとの木」を成功させるために、どんな試みをしたかをひとつ挙げ、「秘密の蜘蛛の巣」とくらべてどこが駄目だったのかを検証しました。自分たちの失敗を大いに祝い、「秘密の蜘蛛の巣」と「願いごとの木」の粘着性について、学んだことを話しました（物語や製品、ウェブサイトが関心を引きつけて離さないとき、「粘着性がある」と言います）。また、これはひとつのステップに過ぎず、アイデアは先々に続いていくという点もあきらかにしました。

どんなに優れたアイデアも、成功するまでには多大な労力を必要とするため、問題にぶつかったとき、いつか突破口が見つかると期待してやり続けるのか、それとも見切りをつけるのかを見極めるのは、とても難しいものです。粘り強さは美徳ではありますが、それが飛ぶはずのないものを必死で飛ばそうとする愚かしさになるのはいつなのでしょうか？ウィキアのCEO、ジル・ペンチナは、このディレンマを見事に表現しています。「丸太に油を注いだら、濡れた丸太にしかならないが、炎に油を注いだら大火事になる」[*7]。つまり、自分がエネルギーを注いでいるものが、それに見合った成果が出そうかどうかを見極めることが大事なのです。これは、人生における大きな課題でもあります。将来性がないのに、ぐずぐずと決断を先延ばしにすることがよくあります。企業では、将来性のない製品やプロジェクトに賭けているとき、個人では、仕事や人間関係で行き詰まっているとき、状況はよくなると思いながら、ずるずるとその場にとどまるのです。

では、どうすればやめるべき時がわかるのでしょうか。これは哲学的な大問題です。成功させたいという願望と、実際に成功する確率とを分けて考えるのは、とてつもなく難しいものです。もちろん、資源を投入すれば、成功する可能性は高まります。でも、時間やお金をどれほどかけても、あるいは、どれほど汗をかいても、うまくいかないときはうまくいかないものです。わたしがたどり着いた、もっとも科学的な結論はこうです。「心の声に耳を傾け、選択肢を検討しなさい」。まずは、自分自身と正直に話し合わなければなりません。成功するまでトコトンやる覚悟はあるのか、それとも別の道を選んだ方がいいのか、自分に聞いてみることです。

要するに、何にしろやめるのは難しいのですが、うまくやめるのはもっと難しいものです。引き際が見事な人がいれば、後にぽっかり穴を残していく不器用な人もいます。第8章で詳しくお話ししますが、人生では、おなじ人に何度も出会うことがよくあります。それも予想もしない形で。この事ひとつとっても、やめるときは、周りの人への影響をよくよく考えておくべきです。引き際をきれいにするのは、後々、その影響が自分に巡ってくるというだけでなく、人としてやるべきことなのです。同僚や友人、あるいは元の会社を傷つける形でやめるのは、決して正当化できることではありません。

同僚からこんな話を聞きました。彼のアシスタントは、とてもよく仕事ができました。人事査定では高評価をし、グループ内でのキャリア・パスについて時間をかけて話し合いました。いつかは違う分野で仕事をしたいとの意向でしたので、それも応援していました。推薦が必要なら、いつでも買ってでようとまで言っていたのです。こうした背景があったのに、ある日突然、アシスタントがやって来て、二週間後に会社をやめますといわれたときには、卒倒しそうになりました。チームは大きなプロジェクトに取り組んでいて、期限が三週間後に迫っています。その一週間前に彼女にやめられたら、大混乱に陥ります。せめてプロジェクトが終わるまで、退職を一週間延ばしてもらえないか、何度も頼みました。

直接的には数十人、間接的には数千人が関わっている大型プロジェクトなのです。それでも、彼女は首を縦には振りませんでした。「わたしがいつやめても、あなたは困るとおっしゃるんです。だから、いまやめます」。同僚は、鳩尾《みぞおち》を蹴られたような気分でした。プロジェクトの最終週に、彼女の抜けた穴を埋めるなんて不可能です。誰もが穴を埋めようと頑張りました。彼女と一緒に働いた人は、このことを決して忘れません。アシスタントはいい仕事をしていましたが、最後の最後にしたことで、それまでの評判を帳消しにしてしまったのです。

これとは対照的に、きれいにやめていった人たちも見てきました。仕事が合わなくてやめるのであっても、礼を尽くせば周りは好印象を持ち、必要ならいつでも推薦しようという気になります。十分に前もって辞意を伝え、仕事がやりやすいように引き継ぎに時間をかけ、ときには引き継ぎがうまくいくよう手伝おうと申し出ます。こうした人たちはヒーローです。きれいにやめる術を知っていて、その術を使って、悪い状況を好転させます。

失敗は避けられないものですが、では、どのように失敗に備えればいいのでしょうか？創造的な仕事にたずさわる人たちは、創造のプロセスに失敗はつきものだと知っていて、備えができています。ジェフ・ホーキンスは、物事が順調なときほど心配になると言います。すぐ後に失敗が大きな口を開けて待ち構えていることを知っているからです。ハンドスプリング社を経営しているとき、独自開発したパーソナル・デジタル・アシスタントの「VISOR」の出荷に向けて、何もかもうまくいっていました。でもジェフは、何か問題が起きるはずだと、事あるごとに言い続けました。そして実際、問題は起きたのです。最初の製品を発表してから数日も経たないうちに、出荷は一〇万個を超えました。これはすごい数字です。でも、請求と出荷の管理システムがダウンしてしまったのです。代金を支払ったのに製品が届かない客もいれば、注文した数の三倍から四倍もの製品が届いた客もいました。これから知名度を上げようという企業にとっては最悪の事態です。そこでどうしたか？　社員全員が腕まくりをして、顧客ひとりひとりに電話をかけまくったのです。もちろんジェフも率先してやりました。何を注文したのか、注文どおりに届いたか、請求内容は正しいかを顧客に確認して回り、不備があればその場で対応しました。ここで大事なのは、問題が起きることをジェフが想定していた、という点です。どんな問題かがはっきりわかっていたわけではありませんが、いざという時に即座に対応できるだけの心の準備ができていました。自分の経験から、失敗は避けられないものであること、成功のカギは、すべての弾をかわすことではなく、いかに素早く立ち直るかにあることを知っていたのです。

成功者に話を聞くと、このテーマは繰り返し登場します。彼らは、多くのことに挑戦しようとし、実験の一部が大きな成果につながると自信を持っています。しかし同時に、途中に落とし穴が待ち受けていることも知っています。こうした姿勢は、課題の大きさに関係なく通用するものです。友人から、こんな話を聞きました。女性には困ったためしがない、と思えるような男性がいました。とくにハンサムなわけでもないし、面白いわけでもありません。頭がいいわけでもなく、とりたてて魅力があるとも思えません。だから、女性にモテるのが不思議でした。友人はある日、思いきって聞いてみました。どうして切れ目なく女性とつきあえるのか、と。すると、こう答えたそうです。「単純なことだよ。魅力的な女性がいたら、片っ端からデートに誘っているんだ。なかにはイエスと言ってくれる娘もいるからね」。この男性は、数少ないヒットを打つためなら、どれほど空振りしても気にしなかったのです。ここから、ごく一般的な教訓が引き出せます。外に出て、多くの物事に挑戦する人の方が、電話がかかってくるのをじっと待っている人よりも成功する確率は高い、ということです。

この逸話は、わたしが父から言い聞かされてきたこととも一致しています。父はよくこう言っていました。「あれこれ言っても結果が変わることは滅多にない。だが、結論が出るのが早くなる」と。決して、言ってもらえることのない「イエス」を待って、ぐずぐずしていてはいけません。遅いよりは早い方がいい。早ければ、成功する確率の高いチャンスにエネルギーを注ぎ込むことができます。これはさまざまな場面であてはまります。仕事を探すときにも、出資者を探すときにも、デートの相手を探すときにもあてはまるのです。要するに、壁を押し続け、途中の失敗をものともしなければ、成功に突き当たる確率が高まるのです。

以上で紹介した逸話から、重要なポイントが浮かび上がります。仕事で成功した人は、一直線に来たわけではなく、浮き沈みを経験し、キャリアは波形を描いている、という点です。マイケル・ディアリングは、この点をシンプルなグラフで端的に表現しています。横軸に時間を、縦軸に成功の度合いをとります。ほとんどの人は、つねに右肩上がりでなければならない、時間の経過とともに一直線に成功しなければならない、と思いこんでいます。ですが、この考え方は非現実であると同時に、人を縛るものです。現実に仕事で成功した人たちのグラフは、上がったり下がったりしています。けれど、長い目で見ると、だいたい右上がりになっているのです。下降サイクルの渦中にいると、いまは一時的に落ち込んでいるだけで、じつはつぎに飛躍するために屈んでいるのだということになかなか気づきません。けれども、いったん下降した後の方が、急角度で上昇している場合が多いのです。つまり、着実で予想できる道を歩み続けたときよりも、大きな仕事を成し遂げているのです。

オートデスクの元CEOで、新たにヤフーのCEOに就任したキャロル・バーツは、似たような喩え話で、キャリアの成功とはどのようなものかを見事に説明しています。[*8] キャリアの進歩は、二次元の梯子ではなく、三次元のピラミッドを登るようなものと見るべきだ、とキャロルは言います。ピラミッドの端を横に動くことで、経験という土台を作ることができます。ぐずぐずしているように見えるかもしれませんが、この間に習得したスキルや経験が、後々いかに貴重であるかがわかってきます。

キャリアには浮き沈みがあり、予想できないものだということを示すものとして、わたしが気に入っているのがスティーブ・ジョブズの物語です。アップル、そしてピクサーの創業者として、ジョブズの成功物語は伝説の域に達しています。しかしながら、めざましい成功の数々は、失敗から生まれたものでした。その経緯は、ジョブズ本人が二〇〇五年のスタンフォード大学の卒業式で語っています。ここで、すばらしいスピーチの一部を紹介しましょう。

わたしたちの最高の作品であるマッキントッシュを発表して一年後、三〇歳の誕生日を迎えた矢先に、わたしはクビになってしまいました。自分が起こした会社をどうしてクビになるのでしょうか？　会社が大きくなるにつれ、わたしの片腕として経営を担ってもらおうと、有能と思えた人物を招き入れました。最初の一年前後はうまくいっていました。しかしやがて、将来のビジョンが食い違うようになり、ついに決定的な亀裂が生じたのです。そのとき取締役会が支持したのは彼の方でした。こうしてわ

たしは三〇歳にして会社を追い出されたのです。しかも、おおっぴらに。大人になってからすべてを賭けて打ち込んできたものを失ったわけですから、それは最悪でした。

数ヵ月のあいだは、まさしく茫然自失の状態でした。自分は前の世代の起業家たちを失望させてしまった、渡されたバトンを落としてしまったと、自責の念に駆られました。デビッド・パッカードとボブ・ノイスに会って、すべてを台無しにしたことを謝ろうとしました。わたしが失敗したことは、みなに知れわたっているのです。シリコンバレーから逃げ出すことすら考えました。しかし、やがて見えてきたことがありました。わたしはまだ、自分がやってきた仕事が好きでした。アップルでの顛末があっても、その気持ちはいささかも揺らぎませんでした。わたしは拒絶されたわけですが、それでも好きでした。だから一からやり直そうと決意したのです。

そのときはわかりませんでしたが、後からみると、アップルを追い出されたことは、わたしの人生で最良の出来事でした。成功者であることの重圧は、初心者に戻った気安さに代わりました。何ごとにも前ほど自信が持てなくなりましたが、それによって自由になり、人生でもっともクリエイティブな時期に入ることができたのです。

その後の五年のあいだに、わたしはＮｅＸＴという会社を立ち上げ、ピクサーという会社を興し、すばらしい女性と恋に落ち、結婚しました。ピクサーはやがて、世界初のコンピューター・アニメーション映画「トイ・ストーリー」をつくり、いまでは世界でもっとも成功しているアニメーション・スタジオになっています。思いがけない展開でアップルがNeXTを買収することになり、わたしはアップルに復帰しました。NeXTが開発した技術は、最近のアップルの復活劇で中核的な役割を果たしています。そして、ローレンとわたしは共にすばらしい家庭を築いています。

わたしがアップルを追い出されていなければ、これらのことは何ひとつ起こらなかったと断言できます。おそろしく苦い薬でしたが、わたしという患者には必要だったのでしょう。人生には時として、レンガで頭をぶん殴られるような出来事が起こりえるのです。

……………………………………

これに似た物語は繰り返し起こっています。人生には、小さな失敗や大きな失敗がつきものです。大切なのは、そうした失敗から立ち直れるかどうかです。成功者の大多数にとって、地面はコンクリートではなく、ゴムが敷かれています。地面にぶつかったとき、多少は沈みますが、反動で跳ね上がります。衝撃をエネルギーにして、別のチャンスをつかみに行くのです。格安航空会社のジェットブルーの創業者、デビッド・ニールマンはその好例です。[*9] デビッドは最初にモリス・エアという航空会社を興しました。成長し、軌道に乗った同社を、サウスウエスト航空に一億三〇〇〇万ドルで売却し、サウスウエスト航空の一員になりました。が、わずか五ヵ月後にはクビになってしまいました。デビッドにとって同社の仕事は惨めだったし、会社を掻き回すことになったと本人は語っています。契約上、五年間は競合する航空会社を立ち上げてはいけないことになっていました。五年は永遠に思えました。しかしながら、この打撃からようやく立ち直ると、次なる航空事業の戦略をじっくり練ろうと心に決めました。どんな理念の会社にするのか、どんな顧客体験を提供するのか、どんな人材を雇い、どう教育し、どのような報酬体系にするのかなど、事業の細部を徹底的に研究しました。サウスウエストをクビになり、次の会社を興すまで待たなければならなかったことは、自分にとって最良の出来事だったと本人は語っています。競業避止義務が失効したとき、デビッドは離陸態勢が整っていました。スティーブ・ジョブズとおなじように、デビッドもまた、最悪と思えた状況を、きわめて生産性が高く、創造的な時間へと変えることができたのです。

もちろん失敗は楽しいものではありません。うまくいったことを話す方がずっと楽しいものです。でも、失敗はそのじつ、思いもよらぬチャンスになることがあります。失敗すれば、目標や優先順位を見直しますし、順調にいっていたときよりも、ずっと速く前に進めることが多いのです。

とはいえ、失敗に甘んじるのは危険に思えます。失敗を喜ぶ人たちは、失敗するように運命づけられているのでしょうか？「今月の大失敗」を選んで、その社員の写真を飾ることなど想像できません。しかしながらロバート・サットンは、『なぜ、この人は次々と「いいアイデア」が出せるのか！』（三笠書房）のなかで、成功だけに報いると、リスクを取ろうとしなくなるので、イノベーションが阻害されると指摘しています。成功とともに失敗も評価し、何も行動しないことを罰する方法を検討してはどうかと提案しています。そうすればいろいろ試すようになり、それが面白い結果や思いがけない結果につながるのではないかというのです。

……………………

バカで愚かで怠惰で出来の悪い社員を評価しろと言っているわけではない。バカな失敗ではなく、賢い失敗を評価すべきなのだ。クリエイティブな組織をつくりたいのであれば、何もしないことは最悪の類の失敗だ。創造力は行動から生まれる。何もしなければ何も生まれない。

……………………

個々人についてみると、成功と失敗の比率は一定であることを示すたしかな証拠があると言います。したがって、もっと成功したいのであれば、もっと失敗するのを受け入れなければいけません。失敗と成功は裏腹の関係にあり、どちらか一方だけというわけにはいかないのです。

スタンフォードのＤスクールでは、大きな見返りを得るために相当のリスクを取ることを重視しています。プロジェクトが成功しない確率が高くても、学生にはできるだけ大きく考えるよう奨励しています。そのため、とんでもない失敗を歓迎します。そこそこうまくいくよりも、大やけどする方がずっといい――工学部の学部長を務めるジム・プラマーは、この哲学を信奉しています。博士課程の学生には、うまくいく確率が二〇パーセントのプロジェクトを論文のテーマに選ぶべきだと指導します。なかには、博士課程のうちに五つの研究を行なわなければいけないのだと解釈して、意気消沈する学生もいます。見当違いもいいところです。実験は、失敗から情報を得て、うまくいけば大きな突破口が開けるように設計するべきです。結果が予想できる小さな実験をするよりも、大きな成果を狙って、大きなリスクを取る方がずっと有意義なのです。

失敗を受け入れ、うまくいかないプロジェクトをあきらめることは、裏腹に、見切りをつけるのが早過ぎになるリスクがあります。古典的な例ですが、３Ｍのポストイットは、元々、粘着力の足りない失敗作でした。それが巨額の利益を稼ぎ出す事業に大化けしたのです。一九六八年、スペンサー・シルバーは「粘着力の弱い」粘着剤を開発し、社内で売り込みましたが、当初は見向きもされませんでした。一九七四年になって、同僚のアート・フライが、教会で聖歌を歌うときに楽譜に挟んでおくのにちょうどいいことに気づきました。空いた時間にデザインを考えた製品が、いまのポストイットなのです。３Ｍが製品を全米で売り出したのは、それから六年後のことでした。現在では、六〇〇以上の種類のポストイットが世界一〇〇ヵ国以上で販売されています。３Ｍの技術者が、この「失敗作」の可能性に気づかなければ、大きな機会を逃すところでした。このように、失敗を失敗で終わらせないための心がまえを教えるのが、前に紹介した「最悪」とされる案を妙案に変えてもらう授業です。

わたしたちは往々にして成功か失敗の分かれ目にいます。どちらに転ぶかは、よくわかりません。リスクが高いことに取り組むのなら、なおのこと先行きは不透明です。レストランやハイテクのベンチャー事業でもそうですし、スポーツですらそうです。成功と失敗は紙一重の差でしかありません。自転車のロード・レース、ツール・ド・フランスを見てください。何日にもわたって、曲がりくねった山道を登り降りした後でも、勝者と敗者の差はタッチの差。一〇〇分の一秒とまでは言わなくても、わずか数秒の違いです。ときには、ほんの一漕ぎが、逆転勝利につながることもあります。

ほかの企業なら失敗だと切り捨ててしまうような製品やプロジェクトに、価値を見出す術を身につけている企業があります。グーグルで製品開発を統括するマリッサ・メイヤーは、プロジェクトの撤退は早過ぎてはいけない、全面的に中止するのではなく、変更をくわえることが大切だと語っています。[*10] つまり、全面的に中止するのではなく、どの部分がうまくいき、どの部分に改良が必要かを見極めるのです。動いているとは思えないプロジェクトでも、何らかの価値を引き出す方法はつねにあるとマリッサは言います。

グーグルなどのインターネット関連企業では、いわゆる「A―B」テストに頼っています。具体的には、ソフトウエアの二つのバージョンを同時期に発表して、どちらの受けがいいか即座にフィードバックを受けるのです。たとえば、ボタンの色を変えるとか、メッセージに単語をひとつくわえる、あるいは画面の周りの画像を動かすといったささいな変更で、ユーザーの反応が大きく違うことを知っているのです。なかには、ひとつのソフトについて、おなじ日に何十ものバージョンを発表し、それぞれに小さな変更をくわえることでユーザーの反応を評価している企業もあります。

スタンフォード出身のジェフ・セイバートとキンバー・ロックハートが設立した会社では、つねにこのやり方をとっています。文書のフィードバックを集めるウェブサイト(GetBackboard.com)を運営し、このサイト上でつねに「行動の呼びかけ」によるさまざまな実験を続けていて、どの方法がベストかを記録しています。たとえば、緑の文字で「今日アカウントを取得しよう」と表示していたとき、加入率は八パーセントでした。「いますぐ簡単サインアップ」に変えると、加入率は一一パーセントに上がりました。そして、「三〇日間お試し無料」にすると、加入率は一四パーセントに上がったのです。こうしたタイプの実験が、失敗を成功に変えます。元々うまくいっているなら、さらにうまくいくようになります。

何か新しいことに挑戦しようとするなら、積極的にリスクを取る姿勢が必要です。ただし、リスクは取るか取らないかの二者択一ではありません。心地いいリスクもあれば、不愉快なリスクもあるはずです。自分にとって心地よいものは、危険性を割り引いてリスクだとすら感じないのに、不愉快なものは必要以上に警戒する可能性もあります。たとえば、スキーで斜面を急滑降するとかスカイダイビングが好きな人は、こうした活動をリスクが高いとは思いません。もしそうだとすれば、身体的に大きなリスクを取っているという事実が見えていないのです。わたしのように身体的なリスクを取りたくない人間は、スキーに行っても山小屋でホットチョコレートを飲み、飛行機に乗れば座席ベルトをしっかり締めて座っています。逆に、大勢の前でスピーチをするといった社会的なリスクを取るのが平気な人もいます。わたしはそのタイプで、リスクだとはまったく思いません。でも、嬉々としてスカイダイビングに興じても、パーティで乾杯の音頭をとるなどもってのほか、という人もいるのです。

考えてみると、リスクは基本的に五種類に分けられるようです。身体的リスク、社会的リスク、感情のリスク、金銭的リスク、知的リスクです。たとえば、わたしは社会的リスクは平気ですが、身体的リスクは取りたくありません。初対面の人に話しかけるのは億劫ではありませんが、橋の上からバンジー・ジャンプをしろと言われたら困ります。また、自分の分析力を磨くためなら喜んで知的リスクを取りますが、大きな金銭的リスクを負いたくはありません。ラスベガスに行くなら、大損しなくて済むように、わずかな現金しか持っていきません。

わたしはよく、自分のリスク・プロファイルを描いてみるよう勧めます。ほんの少し考えるだけで、自分がどのタイプのリスクを取ろうとするかがわかります。一口にリスクと言っても、一様でないことにすぐに気づきます。面白いのは、ほとんどの起業家に大きなリスクを取っているという自覚がない点です。状況を分析し、すばらしいチームをつくり、計画の詳細を詰めていくと、できるだけリスクを減らしたと感じます。実際、事業からリスクを取り除くことに、エネルギーのほとんどを注いでいるのです。

スタンフォードの経営工学を統括するエリザベス・ペイト・コーネルは、リスク管理の専門家です。リスク分析をする際、起こりうる結果を明確にし、それぞれの確率を見極めることが重要だと言います。この分析が終われば、それぞれの結果に応じて計画を立案する必要があります。どんな結果も受け入れる気があるのであれば、リスクも高いがリターンも大きい道を選ぶのは理に適っている、とエリザベスは言います。うまくいかなかった場合に備え、いざというときの計画も立てておくべきです。エリザベスのこの言葉は、何度か反芻することをお勧めします。リスク管理の専門家が、最高のシナリオと最悪のシナリオを含めあらゆるシナリオを想定し、それぞれの確率に基づいて意思決定をし、あらゆる事態への備えが万全になったら、大きなリスクを進んで取るべきだと言っているのです。

どのようなリスクがあるかを正確に分析し、それに基づいて優れた意思決定をしても、結果が伴わない場合がある、ということも覚えておく必要があるでしょう。リスクがなくなるわけではないからです。単純な例を挙げましょう。大学院を出たばかりの頃、ある会社から誘われましたが、自分に合うかどうか自信が持てませんでした。二、三日、じっくり考えた結果、断ることにしました。もっと自分に合った仕事がすぐに見つかると思ったのです。ところが、まもなく景気が悪化したため、別の仕事は何ヵ月も見つかりませんでした。誘いを断った自分を呪いました。誘いを受けたときよりも、断った仕事が魅力的に思えました。わたしとしては、その時点で手に入る情報に基づいて、最善の決断をしたつもりでしたが、短期的に見れば最高の結果ではなかったわけです。

このときとおなじように、何かを決断するときには、情報が不完全な場合がほとんどです。つまり、ある選択をする場合、先がどうなるかは読めないなかで、選択をし、行動に移さなくてはいけないのです。では、自分の知識のギャップをどうやって埋めればいいのでしょうか？　無人走行車の「スタンレー」がヒントになるのではないかと思います。「スタンレー」は、国防高等計画局（ＤＡＲＰＡ）主催の無人走行車レース、グランドチャレンジに向けて、スタンフォードの人工知能研究所とフォルクスワーゲンのエレクトロニクス・リサーチ・ラボラトリー（ＥＲＬ）が共同開発した車です。ＤＡＲＰＡは政府機関で、軍事用の最新技術の開発を担っています。グランドチャレンジでは、無人で二一二キロのオフロードを走らなくてはなりません。三つの狭いトンネルをくぐり、一〇〇を超える急カーブを曲がり、両側が断崖の山道を走るのです。下馬評が高くなかったスタンフォード組がこのレースに勝てたのは、不完全な情報に基づいて素早い決断ができたからにほかなりません。

たしかにスタンレーは、三次元の地図、GPS（全地球測位システム）、ジャイロスコープ、加速器、ビデオ・カメラ、車輪に取りつけたセンサーなど、高度な技術の塊です。搭載されたソフトで入ってくる情報を分析し、速度や方向を調整します。ですが、スタンレーが勝てた最大の要因は、不完全な情報をもとに意思決定を行なうスキルの高さにあります。これは、人間とおなじように学習する能力を取り入れることで実現できました。無人車がどうすべきか判断する際の材料として、人間の意思決定をデータベース化しました。このデータを学習プログラムに取り込み、車の制御システムと連動させた結果、判断ミスが大幅に減ったのです。

この逸話からわかるのは、他人から学ぶことで、失敗の確率を大幅に下げられるということです。自分ひとりで何もかも見極める必要はありません。最善の選択をするには、スタンレーのように、身の回りで得られるデータはすべて集めるべきです。そして、先人の知恵に学ぶことです。何か選択するときに必要なのは、身の回りに、数千と言わずとも数百のお手本を探すことだと言えるでしょう。

リスクを取ってうまくいかなかったとしても、あなた自身が失敗者なのではない、ということも覚えておいてください。失敗は外的なものです。こうした見方ができれば、失敗しても立ち上がり、何度でも挑戦できます。失敗したのは、アイデアがよくなかったからかもしれないし、タイミングが悪かったのかもしれません。必要な資源がなかったのかもしれません。ジェフ・ホーキンスはこう言っています。「自分は、自分の会社と一体ではないし、製品と一体でもない。往々にして同一視しがちだが、失敗したからといって自分が失敗したわけではない。あるいは成功したときですら、自分の成功ではない。会社や製品は失敗することがあっても、自分が失敗者なのではない」。失敗は学習のプロセスにつきものなのだということを肝に銘じておいてください。失敗していないとすれば、それは十分なリスクを取っていないからかもしれません。

第6章

絶対いやだ！　工学なんて女がするもんだ

無用なキャリア・アドバイス

成功の秘訣は、みずからの情熱につき従うことである——一体、何人からこうアドバイスされたことでしょう。きっと、多くの人からこう言われた経験があるのではないでしょうか？　何をすればいいのかわからなくて悩んでいる人に、こう言うのは簡単です。でも、このアドバイスは単純すぎて、人を惑わせます。誤解しないでいただきたいのですが、わたしも情熱は大好きですし、自分を突き動かすものを知っておくのは、とても大事だと思います。ただ、情熱だけでは足りないのです。

情熱は出発点に過ぎません。自分の能力と、それに対する周りの評価を知っておくことも必要です。とても好きだけれど、必ずしも得意ではないことを仕事にしようとすると、悩みが深くなります。バスケットボールが好きだけれど身長が足りない人や、ジャズの大ファンだけれど音程を外す人もいるでしょう。どちらの場合も、プロとしてではなく、熱心なファンとして、試合を見に行ったり、コンサートに足を運んだりすることはできます。

情熱を傾けられるものがあり、能力もあるけれど、それを活かす市場がない、という場合があるかもしれません。たとえば絵がうまくて描くのが好きだとか、サーフィンのボードづくりが好きで波乗りが得意だとしても、こうした才能を活かす市場は小さいのが実情です。自分が夢中になれることを仕事にしようとすると、欲求不満に陥るのは目に見えています。仕事にするのではなく、すばらしい趣味だと考えた方が賢明でしょう。[*1]

逆に、能力があり、それを活かせる市場が大きいのであれば、その分野で仕事を探すべきだと言えます。たとえば、実績のある会計士なら、財務諸表を作成できる人間のポジションはつねにあります。世の中のほとんどの人は、こうして生活しています。自分のスキルを使える仕事があるけれど、早く家に帰って、自分が好きなこと——趣味に没頭したいと思っています。週末や休暇を指折り数えて待っています。あるいは引退の日を待っているかもしれません。

　最悪なのは、仕事にまったく興味が持てず、その分野のスキルもなく、いまやっていることを活かせる市場もない場合です。古典的なジョークに、エスキモーに雪を売るセールスマンの話があります。雪が嫌いだし、セールスの腕もないのに、その仕事をやっているのです。これは最悪です。

　情熱とスキルと市場が重なり合うところ。それが、あなたにとってのスウィート・スポットです。そんなスポットを見つけられたら、仕事がただ生活の糧を得る手段で、仕事が終わった後趣味を楽しめるのではなく、仕事によって生活が豊かになるすばらしいポジションにつけることになります。こんなに楽しんでいてお金をもらっていいのかと思えることを仕事にする——これが理想ではないでしょうか？　中国の老子は、こんなことを言っています。

……　生きることの達人は、仕事と遊び、労働と余暇、心と体、教育と娯楽、愛と宗教の…………

区別をつけない。何をやるにしろ、その道で卓越していることを目指す。仕事か遊びかは周りが決めてくれる。当人にとっては、つねに仕事であり遊びでもあるのだ。

この老子の叡智が反映されているのが、一所懸命取り組むことが成功のカギである、という見方です。好きなものであれば、人は一所懸命に取り組むのです。子どもを見ればよくわかります。子どもは好きなことなら、何時間でも夢中になります。建物に興味がある子は、レゴで見事な町をつくります。絵の好きな子は、何時間でも描いています。運動の好きな子にとって、毎日放課後にサッカーボールを蹴ったり、バットの素振りをしたりするのは、練習ではなく楽しみです。情熱は大きな原動力です。好きであれば、うまくなりたい、抜きんでたいと思って、一所懸命取り組むものです。

自分のスキルと興味と市場が重なり合う金鉱を見つけるには、ある程度時間がかかります。大学で英文学を専攻したネイサン・ファーの例を見てみましょう。ネイサンは本を読んだり、自分で書いたりするのが好きでした。大学時代は世紀末文学に傾倒し、作品を分析した論文を書いていました。ですが、英文学教授の市場はないに等しいことに、はたと気づきました。運良く教授になれたとしても薄給です。将来は結婚して、子どももたくさん欲しいと思っていましたが、これでは食べていくのもままなりません。そこで、自分のスキルを活かしながら、情熱を傾けられる道を探すことにしました。さまざまな進路を検討した結果、経営コンサルタントがいいのではないかと思えました。経営コンサルタントなら、調査力や文章力を活かすことができるし、知的好奇心も満たされます。唯一の問題は、経営コンサルタント業界に入れるだけの知識がないことでした。そこで、一年の準備期間をとることにしました。大学内でコンサルティングについて学べる組織に所属し、一般的な面接で取り上げられるような事例研究をマネしたりしました。一年が経つ頃には、準備も整い、一流のコンサルティング会社に経営コンサルタントとして採用されました。スキルを活かし、情熱を傾けられ、大家族を養うのに必要な経済的なゆとりも得られるという意味で、ぴたりとツボにはまったのでした。

ネイサンは、さまざまな選択肢を検討してから進路を決めましたが、たいていの人は、もっと前に人生計画を立てるよう促されています。大人は子どもに向かって、「大きくなったら何になりたいの?」としょっちゅう尋ねます。そのことで子どもは、さまざまな機会にふれないうちに、進路を決めなくてはいけないという気になります。少なくとも頭のなかでは。そうなると、思い浮かぶのは身近な大人たちです。これでは、可能性が大いに狭められます。また、「あなたは◯◯が向いている」という周りの意見に左右されることも多いのではないでしょうか。わたしがそうでした。担任教師から「君は科学が得意だから、看護師になることを考えるべきだ」と言われたことを、いまだに覚えています。ありがたい助言ですが、科学が得意な人間に向いた職業は、何も看護師に限らないのです。

創造性を教える授業では、クラスを数チームに分け、各チームに革新的だと思う企業や組織をひとつ挙げてもらいます。そして、実際に現場に赴き、従業員の声を聞き、仕事ぶりを見て、どこに革新性の秘密があるのかをまとめてもらい、その結果を革新的な方法で発表してもらいます。あるチームは、サンノゼ子ども発見博物館を取り上げました。数日間、スタッフや子どもたちの後をついて回り、その秘密を探りました。子どもたちがミニチュアのジェットコースターを組み立てているコーナーがありました。八歳の女の子が、長さや高さ、角度を変えたらどうなるかを実験していました。それを見ていたスタッフは、「君はエンジニアとおなじことをやっている」と言ったそうです。その日の夕方、学生がその女の子に博物館で何を学んだか尋ねました。女の子はちょっと考えた後、胸を張って「わたしもエンジニアになれるってことがわかったわ」と答えたそうです。

この子のように、わたしたちはみな、どんな役割を期待されているのか、明に暗に周りからメッセージを受け取っています。数年前、機械工学の女性教授から、とても面白い話を聞きました。彼女には学生時代からの女友達が何人かいます。専門は違いますが、みな工学部出身です。友達はよく自宅に遊びに来て、夕食をとりながらおしゃべりに興じていました。その場には、彼女の幼い息子がいて、会話を聞いていたそうです。この息子が成長するにつれ、数学と理科が得意であることがわかりました。それを見て「君は工学を学ぶといいね」と言った人がいました。息子はそれに何と答えたか？「絶対いやだ。工学なんて女のするもんだ」と言ったそうです。似たような話は、医師である女友達からも聞きました。幼い息子は、医学についての議論を「ガール・トーク」と言ったそうです。

つぎのなぞなぞの答えを考えてみてください。男の子と父親が事故に遭い、病院に担ぎこまれました。外科医は、「この子は手術できない。わたしの子だから」と言いました。一体どうなっているのでしょう？　外科医が母親だった、というのが答えです。とても進歩的な女医の友達に試してみましたが、彼女たちでさえ答えられませんでした。外科医は男性だと思いこんで、複雑な答えを出してきました。じつは母親だったと明かすと、バツが悪そうでした。進歩的なつもりが、外科医＝男という昔ながらの固定観念にとらわれていたわけですから。

わたし自身が受け取ったメッセージについて振り返ってみると、特定の人から大きな影響を受けたことがよくわかります。励ましてくれる人もいれば、そうでない人もいました。わたしが一四歳の頃、家族ぐるみでつきあっていたなかに、脳外科医がいました。脳にとても興味があったので、勇気を出して脳外科医の仕事について聞いてみました。すると「ませた女の子だ」と思われたようで、真面目に答えてもらえませんでした。わたしはがっかりして、二度と聞くことはありませんでした。

脳への興味をもっと追求するといい、と励ましてくれる専門家に出会ったのは、大学に入ってからです。初めて神経科学の授業をとったのは、大学二年でした。授業では、「脳の特定部位の機能を調べるための実験を考える」という変わった課題が出ました。まだ誰にもわかっていないので、その機能を解明するのがわたしたちの役目だというのです。なんとか考えて、レポートを提出しました。一週間あまり経って返されたレポートの表紙には、こう書かれていました。「ティナ、君は科学者の考え方ができている」。わたしが科学者になった瞬間でした。わたしは、脳研究に対する情熱を理解し、背中を押してくれる人を待っていたのです。このように、わたしたちはみな、周りが発するメッセージから大きな影響を受けています。そのメッセージは、「看護師になりなさい」とか、「科学者の考え方ができている」といった直接的なものもあれば、長年、女性の技術者や男性の外科医ばかり見続ける、といった環境に根づいたものもあるのです。

二〇代前半の頃、自分自身に求めることと、他人から求められることを分けて考えるのは、思いのほか難しいことでした。教え子の多くもおなじだと思います。何人からも「指導を受ける」ので、自分でやりたいことを見つけるのが難しくなっているとこぼします。いまでも鮮明に覚えているのですが、他人に強く勧められるとかえって、やめておこう、避けよう、そうすれば他人の期待に関係なく、自分のしたいことがわかるはず、という思いに駆られたことがありました。具体的な話をしましょう。わたしは、ロチェスター大学を卒業してすぐ、バージニア大学の大学院に進学しました。両親はとても喜んでいました。娘のことが誇らしく、しばらくは何の心配もいらないとホッとしていました。ところが、一学期だけ通ったわたしは、休学してカリフォルニアに行こうと思いたったのです。いちばん難しかったのが両親への説明です。両親にとって、わたしの決断は受け入れがたいものでした。わたしを支え、励ましてくれたことには感謝しています。でも、大学院にいることが自分にとって正しい選択なのか、わからなくなっていたのです。わたしは、何のあてもないまま、西へと車を走らせサンタクルスに向かいました。

いま思えば、休学したのはわたしにとって最良の選択でした。サンタクルスでは何の計画もありませんでした。わたしは風に舞う一枚の木の葉のように、どこへでもなびいていく状態でした。刺激的であると同時に怖さも感じていました。やるべき課題もなければ決まった目標もなく、明確な計画もないのは、このときが初めてでした。ストレスを感じることも多かったけれど、自分がほんとうにやりたいことを見つけるためには、これ以上ない方法だったと思います。生活のために変わったバイトをし、ビーチで何時間も考えごとにふけりました。しばらくすると、神経科学に関する本を読みたいという気持ちが湧いてきて、カリフォルニア大学サンタクルス校の生物学図書館に通い始めました。最初は月に一回でしたが、そのうち週に一回になり、結局毎日通うようになりました。

サンタクルスに来て九ヵ月が過ぎた頃、研究に戻ってもいいと思えるようになっていました。でも、まだ大学院に戻る気にはなれません。わたしは、サンタクルスからほど近いスタンフォード大学の神経科学の研究室を調べて、片っ端から手紙を書きました。経歴を記し、研究助手として使ってもらえないかと売り込んだのです。二、三週間のうちにすべての研究室から返事が返ってきましたが、どこもポストは一杯でした。ただ、ある研究室がわたしの手紙を麻酔科に回してくれて、そこの教授から電話をもらいました。手術の際、リスクの高い患者に、新しい医療機器を操作する人を探していて、興味があるかという打診でした。面白そうだったので、飛びつきました。

それから何日も経たないうちに、わたしはスタンフォードで働いていました。夜明けとともに起きだし、白衣を着て、手術を受ける患者をモニタリングしたのです。予想しないことの連続でしたが、かけがえのない経験でした。プロジェクトが終わると、神経科学の研究室に掛け合って研究助手として採用してもらい、最終的にスタンフォードの大学院に応募しました。わたしのしたことはまわり道であり、他の人には時間の無駄に思えるかもしれません。でも、無駄なことなど何ひとつないのです。あちこち寄り道をしたことで、自分が目指す目的を新鮮な目で見られました。いろいろなことを試す時間があったお蔭で、自分がほんとうにしたいことに確信が持てるようになりました。そして今度は、誰かのためではなく、自分自身のために大学院に行くことにしたのです。

身近な人たちは、キャリア・パスを決めたら、そこから外れないよう期待するものです。照準を定めたら、あくまでそれを追い求める「うちっ放し」のミサイルであるよう求めるのです。でも、物事はそんな風にはいきません。何度も進路を変えた末、ようやく自分の能力と興味に合致するものに出会える場合がほとんどです。これは、製品を開発したり、新しいソフトウエアを設計したりするのに似ています。うまくいくまで実験を繰り返し、いろいろ試すことが重要なのです。自分にはこれしかないと早いうちに決めつけてしまうと、行き先を間違う可能性が高いのです。

この先五〇年でやろうとすることを詳しく書き込んだ年表を見せてくれた学生が大勢いました。でも、悲しいかな、それは非現実的というだけでなく、足枷にもなります。行く手には予想もしない出来事がいくつも待ち受けています。偶然の出会いは、幸運につながるかもしれません。それを見ないようにするのではなく、目を見開いている方がずっといいのではないでしょうか。キャリア・プランニングは、外国旅行に似ています。どれほど綿密な計画を立てて、日程や泊まる場所を決めても、予定になかったことがいちばん面白いものです。素敵な人と知り合い、ガイドブックに載っていない場所を案内してもらえるかもしれないし、列車に乗り遅れて、予定になかった小さな街を探検することだってあるでしょう。旅で記憶に残るのは、最初の予定にはなかった出来事のはずです。途中で目の前に飛び込んできて、驚きをもたらす予想外の出来事なのです。

これは、あらゆる冒険にあてはまります。たとえば、科学上の主要な発見のほとんどは、予想外の結果に注目したり、予想外の発見を解釈したりするところから生まれています。科学者として成功した人たちは、未知の領域に踏み込むことになるデータを恐れてはいけないということを、短期間で学んでいます。最高の科学者は、データが予想した結果と違ったからといって捨てるのではなく、異常値として書き留めます。ここから突破口が開けるのだと知っているからです。じつのところ、科学者は、不整合に注目することで新たな研究領域を開拓し、めざましい発見をしています。たとえば、一八〇〇年代半ば、顕微鏡検査の初期の頃、科学者は脳の細胞が大きく二つに分かれることを発見し、ニューロンとグリアと名づけました。実際に活動しているのはニューロンであり、ギリシャ語で糊を意味するグリアは一種の「足場」であって、ニューロンを構造的に支えているだけだと見られていました。この見方は一五〇〇年以上にわたって続き、脳科学者はもっぱらニューロンの研究に勤しみました。

ところが、この二〇年で状況は一変します。ニューロンの一〇倍もあるグリアが、神経系でいくつもの重要な役割を果たしていたことがあきらかになったのです。科学雑誌『グリア』を創刊したブルース・ランソンは、この分野の先駆者です。ブルースをはじめ、世界中の科学者によって、脳のほぼすべての機能で、グリアが重要な役割を果たしていることがあきらかにされています。もっとも研究が進んだニューロン間のやりとり——シナプスの伝達——にもグリアが関与しています。神経科学者でもあるブルースは、グリアの秘密はすべて解明されたわけではなく、多くの神経系の病気で決定的な要因になっているのではないかと考えています。

ある理論が魅力的すぎるために、進歩が妨げられることもある——グリアの例は、この点を見事に示しています。魅力的な理論にしがみつき、それ以外の可能性に気づかなくなります。有力な理論にあてはまるように、矛盾する結果は「無意識」のうちに調整するのです。脳のなかでグリアが重要な役割を果たしているのは、いまとなっては自明のことのように思えます。でも、二〇年前にこの分野の研究に手をつけた研究者は、踏みならされた道を外れ、未踏の領域を探索するためにリスクを取ったのです。

後からみると、ほとんどの出来事や発見は、焦点が合ったように明確になります。自分のキャリアは、フロントガラスではなくバックミラーで見ると辻褄が合っている、とランディ・コミサーは言っています。この見方は、たいていの人にあてはまります。自分のキャリア・パスは、振り返ってみると、ちゃんと筋道が通っているのです。でも、将来の道はぼやけていて、不確実なことの連続です。視界が開けないとイライラしてきます。それでも、大きなチャンスが巡ってくる確率を上げるように行動することはできるのです。

ランディ・コミサーは、どうやってキャリアを築いていくのか、膨大な時間を使って考えました。そうして得られた知見は説得力があります。共に働く人の質が最適になるようにキャリアを考えなさい、とランディは言います。そうすれば、巡ってくる機会の質が上がるというのです。できる人たちは、お互いを応援しあい、貴重なネットワークを築いていて、たえず新しいチャンスを生み出しています。自分が生活し、働いている場所の生態系によって、どんなタイプの機会が巡ってくるかが大きく左右されるのです。

経験豊富なプロフェッショナルの多くが、ランディのこうした考え方に共感します。自分のキャリアを狭く捉えて、その枠内でしか動こうとしないのは間違いであり、面白いチャンスをたえず与えてくれる組織で働くべきだと知っているのです。世界的な大手会計事務所デロイトのシリコンバレー事務所でマネージング・パートナーを務めるテレサ・ブリッグスは、何でも事前に計画できるという考えは捨て、そのときどきの機会を活かす方がいいと見ています。テレサは、駆け出しの頃からデロイトで監査業務に携わってきました。ずっとこのままいくものと思っても当然でした。が、一八年経って、予想外の状況に直面することになります。新たな法律が施行され、監査人が継続してひとつの企業を担当できないことになったのです。別の監査人に交代して、法を遵守した経営が行なわれているかどうかを精査するためです。テレサの監査先は大手企業で、その担当を外れると、おなじような機会はありません。が、このときデロイトでは、新たにM&A（合併・買収）を手がけるグループを編成していました。M&Aはテレサの専門外でしたが、このグループで重要なポジションを提示されます。テレサはそこでも自分のスキルが見事に活かせることに気づきました。自分が目指した道ではなかったけれど、クライアントとの信頼関係を築く能力や、チームを引っ張っていく力によって、新たなポジションでも実績をあげることができました。

テレサはほどなく、ニューヨークにあるデロイトの国内本部に異動になりました。そこでも、リーダーシップとマネジメント能力を遺憾なく発揮しました。つぎに、シリコンバレー事務所の責任者になるよう打診を受けます。今度は、ハイテク企業を相手に戦略を考えなければなりません。ハイテク業界特有の言葉を覚えることも必要でした。一歩一歩は予想もできなかったものですが、テレサはたえず新たな機会を与えてくれる組織で、いい仕事を積み重ね、面白くてやりがいのある仕事、課題を自分のものにしていったのです。

自分の生活やキャリアは頻繁に点検することが大切です。こうした自己評価によって、卓越するには新しい環境に移るべきだという事実を受け入れられるようになります。ほとんどの人は、自分の役割を頻繁に点検せず、おなじポジションにとどまり過ぎて、最適とはいえない状況に甘んじています。ひとつのポジションについて、どのくらい経ったら点検すべし、という決まりがあるわけではありません。ですが、どの程度の頻度で点検しているかを考えてみるのは理に適っています。毎日、あるいは週に一度、自分の生活や仕事を振り返り、調整して、たえず最適化を図っている人たちがいます。一方で、何年も経ってようやく、行きたかった場所からずいぶん遠ざかったと気づく人もいます。自分が置かれた状況を頻繁に点検し、問題を解消する方法を探していけば、物事がうまく回る可能性は高くなります。問題が大きくなり過ぎて、手に負えなくなるまでじっとしているのではなく、日々の生活のなかで頻繁にぶつかる問題は、芽が小さいうちに摘んでおく方がいいのです。それは、注意力を磨き、ほんとうに変えるべきものは何かを見極めるとき、初めて可能になります。

文字通り、自分の人生の再検証を強いられる場合もあります。たとえば家庭を持とうとすると、ゲームが変わります。子育てと仕事のバランスをどう取るか、見極めなくてはなりません。子育てには時間もかかり、エネルギーもとられます。肉体的にも精神的にもきつく、気がつけば一日が終わっているということもしょっちゅうです。気をつけていると、子どもが成長するにつれて、必要とすることは劇的に変わります。毎年、新たな責任と課題が突きつけられます。そのため子育ては、変化する状況に工夫して対処する機会となり、どんな状況でも通用するスキルを培うのに役立ちます。子育てによって、複数の仕事を同時にこなす能力、重圧のなかで決断を下す能力が磨かれるのです。そして、じつは交渉術を習得するのにも役立ちます。

女性の場合はとくに、家庭と仕事の両立が課題になります。ですが、わたしの経験からいえば、これは大きなチャンスでもあります。融通のきかないふつうの仕事では子育てと両立しないので、否応なく工夫するようになります。子どもにとって必要なことは変化していくため、責任の重さの異なるさまざまな仕事を試してみることができます。渦中にいるときはわからなくても、キャリアはまだ先があり、幼い子どもに手がかかるのはほんの数年なのです。子どもが大きくなれば、それまで以上に仕事に励み、キャリアアップすることだってできます。一九九七年版のスタンフォードの学内誌に掲載された以下の文章は、こうした考えを鋭く指摘しています。

一九五〇年にスタンフォード大学を卒業し、五二年に法学の学位を取得した女性がいます。彼女は、次男が生まれて五年間は有給の仕事に就かず、フェニックス・ジュニア・リーグや救世軍などのボランティア活動で忙しく活躍しました。その後、いちばん下の子が学校にあがったのを機に、州検事総長のオフィスでパートタイムで働くことにしました。

子どもたちと家で過ごした時間は、キャリアの妨げにはなりませんでした……現在の女子大学院生は、自分の頃よりも環境に恵まれていると言います。「ひとつの救いは、いまの女性の寿命が延びていることです。働く期間が長くなり、キャリアをいくつも変えていけるようになっているのです。だから、二、三年とられたとしても、すべてがなくなるわけではありません」
ちなみに、この女性とは、女性として初めて合衆国最高裁判事となったサンドラ・デイ・オコナーです。

……………………

わたしの経験に照らしても、まさしくこの通りだと思います。ただひとつわたしから助言するとすれば、子どもが小さいうちは仕事を休むつもりなら、細々でいいからキャリアを続ける方法を見つけなさい、ということです。それほど長いあいだ全面的に休んでいなければ、復帰がかなり楽になります。方法はいくらでもあります。パートタイムでふつうの仕事をしてもいいし、ボランティアでもいいのです。そのことでスキルを維持できるだけでなく、復帰したときに全力で働ける自信が持てます。

カレン・マシューズは、四人の幼い子どもの母であり、パートタイムで働くマーケティング・コンサルタント・グループの一員でもあります。時間のあるときにプロジェクトを引き受け、忙しいときはパートナーに引き継ぎます。三人の娘の母親であるリサ・ベナターは、娘の学校に目を向けました。リサは代替エネルギーの専門家で、学校で子どもたちに省エネを教える教育プログラムを始めたのです。

仕事と子育てのバランスを取るという難題を引き受けたのは、わたしのキャリアのなかで最良の選択だったと思います。わたしは、息子のための時間を犠牲にしないで、知的な刺激を受けたいと思いました。そのため、毎年、仕事と子育てにどれだけの時間が必要かを考え、柔軟な対応が許されるプロジェクトを引き受ける方法を見つけたのです。子どもがいなければ、おそらく考えもしなかった課題に取り組みました。子ども向けの本の執筆に取りかかり、理科の教師向けにインターネット・サイトを立ち上げました。私立の小学校で理科を教えたりもしました。長い目で見れば、こうした経験は、フルタイムの仕事に復帰したときに驚くほど役立ちました。著者としてやっていけるとお墨付きを得られましたし、ウェブサイトのデザインもできるようになりました。教師として貴重な経験も積みました。どのスキルも、現在の仕事で毎日使っています。

振り返ってみると、キャリアを築くうえでもっと早くに知っておきたかったことは、わたしが受けた昔ながらのアドバイスとは逆であったことに気づきます。そのなかで、いちばん大切なことは何でしょうか？　仕事だとは思わずに取り組める役割を、社会のなかに見つけることだと思います。スキルと情熱と市場が重なる場所を見極められたとき、その役割は見つかります。それは、やりがいがあるというだけではなく、前向きに情熱を傾けられ、人生を奪うのではなく人生を豊かにしてくれるのです。ぴたりとはまる役割を見つけるには、実験を繰り返し、多くの選択肢を試し、周りから明に暗に受け取っているメッセージを検証し、正しくないと思えば突っぱねることが必要です。

キャリアを重ねていくうちに、いまどこにいて、どこに行こうとしているのかを頻繁に点検することが役立つようになります。そうしていれば、物事が計画どおりに進まなかったときや、とびきりのチャンスが巡って来たときに、素早く軌道修正できます。行く先が見えなくても心配しないでください。目を細めても視界がはっきりするわけではありません。これは誰にでもあてはまります。最終目的地に急ぎすぎないで。寄り道や思いがけないまわり道で、とびきり面白い人や場所、チャンスに巡り会えるものなのですから。最後にもう一言。わたしの助言もそうですが、キャリアについてあれこれアドバイスされても、うんざりしないでください。あなたにとって何が正しいかは、あなた自身が見極めるのですから。

第7章

レモネードがヘリコプターに化ける

幸運は自分で呼び込むもの

息子のジョシュが大学で初めての期末試験を迎えたとき、「幸運を祈るわ」と電話したことがありました。それに対し息子は、「幸運なんてものはないよ。すべては努力次第だよ」と言い返してきました。息子は真面目で、好きなことにはとことん打ち込むタイプです。とくに並外れたトレーニングと準備が必要な運動競技になると燃えます。最初、息子の返事は極端だと思いました。でも、よく考えてみると、正しかったのだと思います。自分のことを幸運だと思うときにも、そのポジションを得るまでには、驚くほど努力をしているものですから。

他の人ならできっこないとあきらめてしまうような目標に向かってひたすら努力している息子を、わたしは感心しながら見守ってきました。そんな息子が一九歳のとき、重量挙げの大会に出ると言い出しました。それまで自転車と短距離走の選手だったのですから、突拍子もない決断ですが、デッドリフトの全米記録を破ろうと意気込んでいました。一流のトレーナーが北カリフォルニアにいることを探し当て、週に数回、片道二時間をかけてトレーニングに通いました。重量挙げに関する本を読み漁り、筋肉をつけるために食事に気を配り、スポーツジムで何時間もトレーニングに励みました。こうして何年かウェイト・トレーニングを続け、数ヵ月間集中的に訓練した末、腕試しに大会に参加することにしました。わたしと息子は朝五時に起き、三時間かけて大会が開かれるフレズノに向かいました。集まっていたのは、大会の常連選手ばかりでした。わたしは、息子が自分の成績にがっかりするのではないかと心配になりました。ところが、体重一九〇ポンドのクラスに出場し、五八九・七ポンドを持ち上げ、州記録と全米記録の両方を塗り替えたのです。それまでの記録を五〇ポンドも上回っていました。息子は幸運だったのでしょうか？　もちろん幸運でした。その日は、息子のためにすべてのカードが出揃ったのです。でも、ひたむきな努力がなければ、記録は破れなかったでしょう。

「幸運なんてものはないよ。すべては努力次第だ」という息子のメッセージは、わたしが子どもの頃、父からよく聞かされたメッセージに通じるものがあります。父はこう言いました。「努力すればするほど、運はついてくる」。父のおまじないは、幸運をつかむために何をすべきかを思い起こさせてくれました。成功する確率がとても低く、競争がどれほど激しくても、体と頭と心を十分に鍛え、準備すれば、可能性を最大化できるのです。

何もないところから出発した人たちが、並外れた努力で幸運を引き寄せた、という話を聞くと、こちらまで元気になります。ここでは二人の例を紹介しましょう。

クエン・ブオンはベトナムのサイゴンで生まれました。父は政府の役人で、母は薬局を経営していました。専門的な仕事をもつ両親のもとで、幼い頃のクエンは快適な生活を送っていました。ところが、一九七五年に共産党が支配すると、生活は一変します。父は再教育キャンプに送りこまれました。薬局は閉鎖され、母は「資本家」であるという理由で刑務所送りになりました。数年経っても、一家を取り巻く状況は一向に上向く気配がないため、父はクエンのふたりの兄弟を連れてアメリカに渡りました。ほかの家族はベトナムに残りました。

翌一九八〇年、クエンの母は、いい生活をさせるために、子どもたちを国外に脱出させるしかないと考えました。クエンは一六歳、弟は一一歳でした。無事にアメリカにたどり着けることを祈りながら、母は涙ながらに二人を難民ボートに乗せました。子どもたちが無事にたどり着けるとか、いつかまた会えるという確信があったわけではありません。ボートは何日も海を漂い、なけなしの家財道具を奪おうとする海賊をかわしながら、なんとかマレーシア沖の島に着きました。そこには四万人の難民がいて、どうにか生き抜き、第三国への移民の許可を得ようと必死になっていました。

クエンたちは、四ヵ月かかって、ようやく父のいるテキサスへ行けることになりました。当初は英語がまったく喋れなかったので、学校では何年も隠れるように後ろの席に座っていました。生活が苦しかったため、クエンの兄弟はみな、放課後になると働きに出ました。週に最低三〇時間は働きました。一家はなんとか食いつないでいる状態で、親戚にお金を借りることもしばしばでした。家計を助けるため、学校をやめて働こうとクエンは何度思ったかしれません。

それでも逆境に負けず、懸命に勉強しました。貧困から抜け出すには、自分が頑張るしかない、そう思っていました。高校を優秀な成績で卒業したクエンは、奨学金をもらってイェール大学に進学しました。経済学を学び、MBA（経営学修士号）を取得した後、現在は非営利企業のICANを経営しています。ICANは、ベトナム移民が新天地のアメリカで力強く生きていけるように、文化的な橋渡しを目指しています。自分が初めてアメリカの地を踏んだとき、あったらよかったと思うサービスを提供しているのです。

幼い頃のクエンは、大人になったら何がしたいかなんて想像もできませんでしたが、貧困から抜け出したかったことだけはたしかでした。彼女はこう感じているそうです。時間をかけ、努力してテーブルを用意すれば、魅力的な何かが自分の皿のうえにたしかに載るのだと。「目標を決め、その目標に向けて懸命に努力すれば、運命は変えられる」。経験がそう教えてくれたのです。

おなじような話は、音楽と映像のプロデューサーとして成功したクインシー・ディライト・ジョーンズ三世（QD3）からも聞きました。QD3はトゥパック・シャクールやLLクールJ、アイス・キューブ[*1]などの有名アーティストをプロデュースしています。音楽業界で伝説的存在のクインシー・ジョーンズの息子と聞けば、何の苦労もなかったと思うかもしれません。でも、実際は違っていました。幼い頃、両親が離婚したため、母に引き取られ、母の母国のスウェーデンで貧しい生活を送りました。母親は堅気とはほど遠く、薬物依存症に苦しんでいました。息子がちゃんと学校に行っているかどうかにも関心がなく、明け方の四時にパーティから帰ってくることもしばしばでした。

ＱＤ３は、十代前半で初めて見たブレイクダンスに夢中になりました。ストックホルムの街中で踊り、帽子を置いて、通行人の寄付を募りました。朝から晩までダンスの練習に明け暮れ、一曲ずつ完璧に自分のものにしていきました。そんなとき、「幸運」にもＬｅｖｉのスカウトの目にとまり、ツアーに参加するよう誘われます。ＱＤ３は、願ってもないチャンスに飛びつきました。

こうして扉の内側に足を踏み入れたわけですが、努力は怠りませんでした。ダンスにくわえ、ラップ歌手のためにビート作成を手がけるようになりました。そんなとき、大きなチャンスが舞いこみます。ストックホルムのラップ・シーンを取り上げた映画のサウンドトラックを担当しないかと打診を受けたのです。書きためていた曲のうち、一六歳のときに書いた「ネクスト・タイム」が五万枚以上売れて、最初のゴールド・レコードとなりました。さらに、プロデュースしたトゥパック・シャクールに関するドキュメンタリーは三〇万組以上売れました。

ＱＤ３もクエンとおなじように、貧困から抜け出したい、自立したい、いずれは世界一になりたいという思いが原動力になりました。「ハートに火をつけ」て自分自身を鼓舞し、その火が広がると、覚悟を決めてどんな努力もいとわなかったのです。クエンもＱＤ３も、全身全霊で目の前の課題に取り組みました。二人は、ひたむきな努力こそが幸運を呼び込むことを、身をもって示しています。ただし、自分で幸運を呼び込もうというとき、努力はひとつのテコに過ぎません。道具箱には、幸運を引きつける磁石になる道具がほかにもたくさん入っています。そして、クエンもＱＤ３も、それらを間違いなく使ったのです。

イギリスのハートフォードシャー大学のリチャード・ワイズマンは、幸運について研究し、「運のいい人たち」には、一般の人よりも幸運を呼び込みやすい共通の資質があることを発見しました。第一に、目の前に転がってきたチャンスを活かします。自動運転で気楽に行くのではなく、周囲で起きることにたえず注意を払うことで、そのときどきの状況を最大限に活かせるのです。こうした人たちは、コミュニティのイベント情報に詳しく、近所に誰かが越してくればいち早く気がつきます。同僚が困っていて助けを必要としているのに気づくのもこういう人たちです。運のいい人たちは、未知のチャンスを歓迎し、経験のないことにも積極的に挑戦します。よく知らないジャンルの本を積極的に読み、あまり知られていない場所を旅し、自分とは違うタイプの人たちとつきあおうとします。

意外ではないのですが、運のいい人たちは、どちらかといえば外向的です。人と会うときは、相手の目を見、笑顔もたやしません。だから、いい人との出会いがあり、出会いの輪も広がります。それによって、さらにチャンスの扉が開かれます。運のいい人は楽天的でもあり、自分にはいいことが起きると思っています。これは自己実現の予言になります。というのは、物事が期待どおりに進まなくても、最悪の状況から前向きな成果を引き出す方法を見つけるからです。こうした姿勢は、周りの人たちに好影響を与えるとともに、一般には苦境とみられる状況もプラスの経験に変えられるのです。

要約しましょう。よき観察者であり、開かれた心を持ち、人あたりがよく、楽観的な人は、幸運を呼び込みます。身近な例をお話ししましょう。何年か前、小さな食料品店でのことです。その店に来るのは、たいてい地元の人たちです。わたしは冷凍食品売り場で、幼い娘を連れた男性から、缶入りの冷凍レモネードの使い方を教えて欲しいと聞かれました。聞き慣れないアクセントで、地元の人間でないのはすぐにわかりました。わたしはレモネードの作り方を教え、どこから来たのか尋ねました。チリのサンティアゴとのこと。わたしはさらに、名前と、どうしてスタンフォードに来たのかを尋ねました。たいした意味はありません。ただの好奇心でした。名前はエドアルドで、起業家精神を学びに一年前に家族とともにやって来たとのことでした。家族経営の事業を継承することになっていて、事業を革新するツールを探していたのです。わたしは、スタンフォード大学工学部の起業家講座を紹介し、喜んで力になろうと申し出ました。それから数ヵ月、エドアルドを起業関連のさまざまな人に紹介し、感謝されました。

あっという間に二年が過ぎた頃、会議でサンティアゴに行くことになり、エドアルドにコーヒーでも一緒にどうかとメールを出しました。ぎりぎりになって届いた返信には、コーヒーを飲みに行くことはできないけれど、同僚とともにサンティアゴのダウンタウンのある場所に招待したいと書いてありました。オフィスを訪ねたわたしたちは、屋上に案内されました。そこにはエドアルドの自家用ヘリコプターが待機していました。これでサンティアゴの街を案内してくれるというのです。ヘリコプターは、街を取り囲む山々よりも高く舞い上がり、街が一望できました。眼下にはエドアルドの一族専用のスキー場まで見えました。思いがけない、すばらしい体験でした。きっかけは、レモネードの作り方を教えてあげたことなのです。もちろん、わたしはヘリコプターに乗りたくて、そうしたわけではありません。でも、わたしが「幸運な」体験ができたのは、その場に身を置き、すすんで人助けをし、二年経っても連絡を取ろうとしたからこそなのです。これまでの章では、レモン（＝問題）をレモネード（＝チャンス）に変える方法を紹介しました。でも、幸運はそれ以上のことをしてくれます。レモネード（＝よいこと）をヘリコプター（＝すばらしいこと）に変えてくれるのです。

扉はたくさんあり、その向こうには驚くほどのチャンスがあります。その扉を開けようとしさえすればいいのです。チリ大学のカルロス・ビグノロは、よくこう言います。どこかに出かけて、新しい人と出会わないなら、友達をつくる機会と一〇〇万ドルを儲ける機会を逃したということだ。学生にはこう言うそうです。バスに乗るたびに一〇〇万ドルが待っている。見つけさえすればいいだけだ、と。もちろん、この場合の「一〇〇万ドル」

は喩えであって、新しい何かを学ぶことであり、友達をつくることなのですが、ときには一〇〇万ドル儲ける場合もあるかもしれません。じつは、この本が生まれたのも、飛行機で隣り合わせた人と話したのがきっかけです。もし、あのとき会話をしていなければ、おそらくこの本を書くことはなかったでしょう。でも、それはまた別の話です。

この点に関連して、『発想する会社！』を書いたトム・ケリーは、日々、身の回りの環境を敏感に感じること、外国人旅行者の目になることが必要だ、と言います。わたしたちはふだん、ブラインドを下ろし、踏みならされた道を歩きがちで、立ち止まって周りを見回すことは滅多にありません。でも、外国を旅すれば、見るものすべてが新鮮で、密度の濃い体験ができます。視点を変えることで、毎回面白い発見ができるのです。

スコットランド企業研究所の所長、ジェイムズ・バーローは、この点を教えるために、ちょっと意地悪な演習をしています。クラスをいくつかのチームに分け、各チームでジグソーパズルをいかに早く完成するかを競ってもらいます。じつは、パズルのピースの裏には一から五〇〇まで通し番号を打ってあるので、番号に気づきさえすればあっという間に完成します。でも、ほとんどのチームは、目の前の番号になかなか気づきません。まったく気づかないチームもあります。注意力を磨くだけで、運を上げることはできたのです。

よほど意識して努力しないと、身の回りに注意を向けることはできません。自分自身に教え込まなければいけないのです。注意を払っているつもりでも、すぐ目の前にある面白いこと、重要な情報は見逃しがちです。この点を嫌というほどはっきりと示した有名な実験映像があります。被験者は、男女のグループが一個のバスケットボールをパスする様子を見せられ、白いユニフォームのメンバーがパスした回数を数えるよう指示されます。ビデオの上映が終わると、何回トスしていたかははっきり答えられますが、じつはゲームの最中、熊の着ぐるみがムーンウォークで横切ったことにはまったく気づいていなかったのです。[*2] 細心の注意を払っているつもりのときでも、見るべきものはまだまだあるのです。

わたしの授業では、この点を認識してもらうために、単純な演習を行なっています。学生を地元のショッピング・センターなど、馴染みのある場所に送り込みます。何店かを回り、ふつうは「目に見えない」ものに注意を払う「実験」を遂行してもらいます。学生は、音や匂い、手ざわり、色などに気づきます。そのほかにも、店の組織や、客に対する店員の応対といったことが見えてきます。おなじ場所なのに、以前は気にとめもしなかったものを次々と発見するのです。学生は、いかに目隠しした状態で日常を過ごしていたかに気づき、愕然として戻ってきます。

運のいい人たちは、身の回りに注意を払い、面白い人に会っているだけではありません。自分の知識と経験を活用し、組み合わせるユニークな方法を見つけています。たいていの人は、すばらしい素質をもっているのに、その活かし方がわかっていません。これに対して運のいい人たちは、自分の知識や人脈の価値をよく知っていて、必要なときにそれを駆使します。この点を雄弁に物語っている例として、ふたたび二〇〇五年のスタンフォード大学卒業式でのスティーブ・ジョブズのスピーチの一部を紹介しましょう。ジョブズは大学に通う意義が見つからず、授業料も両親の負担できる範囲を超えていたことから、六ヵ月で中退しました。本人の弁を聞きましょう。

……………………………………………………

六ヵ月後、わたしは大学に価値が見出せなくなっていました。人生で何をしたいのか見当もつかなかったし、大学がそれを見つけるのに役立つかどうかもわかりませんでした。その時点で、両親がそれまでに蓄えた貯金をすべて使い果たしつつあったので、わたしは大学を中退することにしました。万事それでうまく収まると信じていました。そのときはとても不安でしたが、振り返ってみると、最良の決断のひとつだったと言えます。中退した途端に、興味のもてない必修科目の授業には出なくてもよくなり、面白そうな授業にもぐりこむようになりました。

甘いことばかりではありませんでした。寮には自分の部屋がないので、友達の部屋の床に寝ました。コーラの瓶を店に返して、一本あたり五セントを受け取って食べ物を買い、毎週日曜の夜には、クリシュナ教の寺院で提供されるまともな食事にありつくために、七マイルの道のりを歩いたものです。そんな日々を気に入っていました。

そして、自分の興味と直感にしたがい、出くわしたものの多くは、結果的にかけがえのないものだったのです。一例を挙げましょう。

当時のリード大学はおそらく、アメリカで最高のカリグラフィー（装飾文字）の授業を行なっていました。キャンパス内に貼られたポスターや引き出しのラベルの文字は、すべて手書きの美しい飾り文字でした。わたしは中退してふつうの授業を受ける必要がなかったので、カリグラフィーの授業をとって、手法を学ぶことにしました。セリフとサンセリフの書体、文字の組み合わせにより文字間のスペースを変えること、すばらしい写植はどこがすばらしいのかを学びました。美しく、歴史があり、科学では捉えきれない芸術的な繊細さがありました。わたしにはそれが魅力的だったのです。

どれひとつとして、わたしの実生活に役立つ見込みがあったわけではありません。でも一〇年後に、最初のマッキントッシュを設計しているときに、一挙に蘇ってきたのです。そして、それらをすべてマッキントッシュの設計に取り入れました。マックは美しい印刷技術を備えた最初のコンピューターでした。わたしが大学を中退していなければ、カリグラフィーの授業を受けることはなく、マックが複数のフォントやプロポーショナル・フォントを備えることはなかったでしょう。そして、ウィンドウズはマックを真似ただけなので、どのパソコンもそうした機能を持つことはなかったでしょう。わたしが大学を中退していなければ、カリグラフィーの授業を受けることはなかったし、パソコンが現在のようなすばらしい印刷技術を備えることはなかったかもしれないのです。もちろん、大学時代のわたしが、将来を見越して点と点をつなぐことなど不可能でした。でも、一〇年後に振り返ってみると、点と点がつながっていたのは明白なのです。

……………………

このスピーチで強調されているのは、経験がいつ役立つかはわからない、という点です。スティーブ・ジョブズは開かれた心の持ち主であり、好奇心も旺盛でした。だから目先の利益にとらわれず、幅広い経験をし、予想もしない形で知識を活かすことができました。経験を積み、知識の幅が広がれば広がるほど、自分の引き出しは増える——そのことを教えてくれているのです。

　創造性に関する授業では、アイデアを思いもよらないものと結びつけることで発想力を鍛えています。このスキルを磨けば、自然にそうできるようになります。たとえば、一見かけ離れた概念を、喩えを使って説明することによって、身近な問題の意外な解決法を思いついたりするのです。授業では、簡単な演習でこの点をあきらかにしています。チームごとに、以下の空欄にあてはまる文章をできるだけ多く書いてもらいます。

　アイデアは、○○○○○に似ている。

なぜなら、〇〇〇〇〇だからである。
したがって、〇〇〇〇〇である。

何百と集まったユニークな回答の一部を紹介しましょう。どのケースでも、喩えによって、アイデアに関して斬新な見方ができるようになります。

・アイデアは赤ん坊に似ている。なぜなら、誰もがかわいいと思うからである。したがって、自分自身のアイデアを吟味するときには客観的でなければならない。
・アイデアは靴に似ている。なぜなら、どちらも馴染まなければならないからである。したがって、新しいアイデアを評価するときには時間を取るべきである。
・アイデアは鏡に似ている。なぜなら、周りの環境を映すからである。したがって、多様なアイデアを集めようとするなら、環境を変えることを検討すべきである。
・アイデアはしゃっくりに似ている。なぜなら、始まるとなかなか終わらないからである。したがって、アイデアの連続性を活用しなければならない。
・アイデアは泡に似ている。なぜなら、簡単に弾けるからである。したがって、大切に扱わなければならない。
・アイデアは車に似ている。なぜなら、目的地に連れて行ってくれるからである。したがって、乗り続けなければならない。

・アイデアはチョコレートに似ている。なぜなら、みんなが好きだからである。したがって、しょっちゅう補給しなければならない。

・アイデアは麻疹に似ている。なぜなら、伝染するからである。したがって、自分自身でアイデアを思いつきたいなら、アイデアをもった人たちと行動を共にすることである。

・アイデアはワッフルに似ている。なぜなら、できたてがいちばんだからである。したがって、たえず新しいアイデアを思いつくのが大事である。

・アイデアは蜘蛛の巣に似ている。なぜなら、見た目よりも強いからである。したがって、過小評価してはならない。

この演習では、身近なものにヒントを求めることによって、想像力の翼を広げているのです。なかには、こうした連想が自然にでき、そこから価値を引き出す独自の方法を見つけられる人もいます。こうした人たちは、スティーブ・ジョブズのように、点と点を結びつける方法をつねに探していて、アイデアを実現するための努力をしているものです。

代表的な例として、ペリー・クレバーンを紹介しましょう。ペリーは一九九一年に足首を骨折しました。無類のスキー好きのペリーにとって、骨折で一シーズンを棒に振るのは耐え難いことでした。でも彼は、この不運を幸運に変える方法を思いついたのです。リハビリをしているあいだ、スキーの代わりにならないものかと、木製の古いスノー・シューズを取り出して、ターンしてみました。でも、まったく使い物にならず、がっくりしました。そこで終わらないのがペリーのペリーたる所以です。クローゼットにしまいこんで、足首が完治するのを待つのではなく、新しいスノー・シューズを自分でデザインしようと思いたったのです。当時はプロダクト・デザインを専攻していたので、学んだ技術を使って自分の問題を解決しようと考えたわけです。一〇週間のあいだに、八種類の製品をデザインしました。ウィークデーには学校の機械室で試作品をつくり、週末になると山に行って試し履きしました。一〇週目が終わる頃には、特許を申請できる発明になっていました。

デザインが完成すると、何足かを自分で作り、スポーツ用品店に売り込みに行きました。仕入れ担当者は、一瞥するなり「これは何ですか?」と聞いてきました。それまでに見たものとは似ても似つかない形だったのです。そもそもスノー・シューズの市場などありませんでした。でも、ペリーはあきらめませんでした。スキーはできないけれど、雪山で過ごしたい人は大勢いるに違いないと知っていたからです。だったら、市場は自分でつくればいい、そう考えたのです。

ペリーは毎週末、スポーツ用品の販売担当者を雪山に連れて行き、自分の作ったスノー・シューズを試してもらいました。客にこの靴を売り込んでもらわなくても構わない、ただ、スノー・シューイングという新しいスポーツの面白さを味わって欲しい、と言いました。販売員は気に入り、仕入れ担当に伝えました。その甲斐あって、店でペリーの靴を扱ってもらえることになりました。でも、ペリーの挑戦はさらに続きます。

客はペリーの靴を買っても、使い方がわかりません。そこで、全米のスキー場に、スノー・シューイングを宣伝してくれるよう説得して回ることにしました。専用のコースを設け、利用客向けの地図を作り、利用券を発行し、安全性を確保するため監視員を置いてくれるよう掛け合いました。これですべてのピースが揃い、スノー・シューズ市場はゼロから五〇〇〇万ドル市場へと、一気に膨らんだのです。ペリーの会社、アトラス・スノーシューは、その後K2に売却されました。スノー・シューズとスノー・シューイング専用のコースは、いまでは広く利用できるようになっています。

ペリーは骨折という不運に心まで折れることなく、悪い流れを良い流れに変えたのです。それができたのは、足首の骨折、雪山で過ごしたいという願望、新製品をデザインできる技術、スノー・シューズを改良すれば喜ぶ人たちがいるはずだという勘、こうしたさまざまな点と点をつなげてチャンスを見出したからでした。最終的にはうまくいったわけですが、それまでには膨大な時間とエネルギーを注ぎ込み、粘り強くやったからこそ成功できたのです。多くの人は、途中で投げ出すか、壁にぶつかる度に立ち止まっていたことでしょう。しかしながらペリーは、新たな障害にぶつかる度にチャンスを見出しました。そして、ひとつひとつ乗り越えた結果、すべてのピースが揃い、好ましい結果の出る確率が大幅に上がったのです。これは、リチャード・ワイズマンの言う「あらゆるスキル」を動員したからこそ、起こりえたのです。つまり、観察力が鋭く、外向的で、冒険心に富み、楽観的であり、なおかつ物事に懸命に取り組む。最終的な好結果を導くうえで、これらの資質のひとつひとつが重要でした。

ペリーは驚異的な粘りで障害を克服し、幸運を呼び込んだわけですが、わくわくするチャンスを探すことで幸運を呼び込んでいる人たちはたくさんいます。デーナ・コールドウッドの物語を知れば、納得していただけるのではないかと思います。デーナは高校以来、演劇に夢中になり、学校演劇にのめり込みました。わたしたちはニュージャージーのサミット高校の同級生で、ふたりとも熱心な「演劇ファン」でした。わたしにとって演じることは趣味でしたが、デーナは演出家になることを夢見ていました。そして、その夢をかなえるべく、高校を卒業するずっと前から運を磨いていました。

デーナは怖いもの知らずでした。演劇部の部長に、次の大きな舞台では演出をやらせてもらえないかと尋ねる度胸がありました。そんな大任をやりたいと自分から言い出した人はいません。でも、教師は賛成しました。デーナは権威のある人に指名されるのを待ちませんでした。あくまで自分がやりたいことを言っただけでした。この瞬間、デーナの演出家としてのキャリアが始まったのです。その後、彼は地元のメトロポリタン歌劇場で上演される芝居を演出するまでになりました。この劇場には、高校の先輩で、ハリウッドで活躍している映画監督が客員として来ていて、デーナにとっておきのアドバイスをくれました。小さな劇場でも大きな劇場でも、演出の技術は変わらない。これを聞いたデーナは、より高いところを目指す自信ができました。

その後、ニューヨーク大学に進学して映像を学びましたが、その間もあらゆるチャンスをとらえ、最大限に活かしました。ゲスト講師の授業では、授業が終わった後も居残り、もっと聞きたいことがあるのでまた会って欲しい、ほかに会うべき人を紹介して欲しいと頼みました。映像制作の課題も、最大限に活用する方法を習得しました。最初は、クラスメートと同様に、友人に頼んで出演してもらっていました（わたしがデーナ版の『サイコ』で有名なシャワーのシーンに出演したのはそういうわけです）。でもデーナは、有名俳優に出演してもらえる可能性があることに気づきました。テレビ番組の制作を学ぶ授業で、短時間の番組をつくるという課題が出たとき、ほとんどのクラスメートはお互いにインタビューし合ってお茶を濁していました。でも、デーナはアカデミー女優のエステル・パーソンズに出演を依頼したのです。ちょうどトニー賞にノミネートされた舞台に出演中でしたが、快く承諾してくれました。デーナはまたしても、実現できるかどうかはわからないけれど、わくわくするような別の選択肢に注目することで運を呼び込んだのです。自分が望むものを求めて、自分から出ていったのです。

デーナの挑戦は、どんどん大きくなっていきました。そしてついに、人気トーク番組の『レイト・ナイト・ウィズ・コナン・オブライエン』のディレクターの就任依頼が舞い込みました。これを何年か務めた後、トーク番組の『レイチェル・レイ』や『アイアン・シェフ（アメリカ版料理の鉄人）』のディレクターも務めました。二〇歳のときに、その後の自分の歩みを知っていたら、あまりの運の強さに恐れおののいたことでしょう。デーナの運の強さは、自分が得た知識を、目の前のやるべきことに注ぎ込んだことから来ていると思います。経験のないことでも、やらせて欲しいと頼む度胸がありました。そして、ひとつひとつ経験して飛躍する度に、新たなヒントや知識が得られ、それを武器により大きな挑戦を続けたのです。

小さな舞台も大きな舞台も演出するのは一緒、という教訓を、デーナは早い段階で自分のものにしました。そしてそれが、より大きな跳躍台に飛び移る自信となり、舞い込んだチャンスをモノにすることができたのです。多くの人は、こうした飛躍は落ち着かず、小さな場所に留まることを好みます。そして、気心の知れた仲間と小規模なプロジェクトに取り組む利点を数多く挙げてきます。大きな舞台を夢見ながら、いま居る場所と、目指す場所との距離の遠さに怯んでしまう人もいます。デーナの物語が教えてくれているのは、身近なチャンスをひとつひとつモノにすることで、ゆっくりとではあるけれど確実にステージは上がる、そしてその度に最終目標に近づいていく、ということではないでしょうか。

要約しましょう。目標を絞り、ひたむきに努力すれば、幸運が舞い込む確率は上げられます。しかしながら、努力以外にも使えるツールはたくさんあります。訪れた機会を歓迎する、チャンスが舞いこんだら最大限に活かす、身の回りの出来事に目を凝らす、できるだけ多くの人たちとつきあう、そして、そのつきあいをできるだけいい方向で活かす。自分自身で運を呼び込むとは、悪い状況を好転させ、いい状況はさらに良くすることなのです。幸運に恵まれる確率は大幅に高めることができます。そのためには、できるだけ幅広い経験をし、その経験を独自の方法で結びつけること。そして、恐れることなく、自分の人生を演じたいステージに上がろうとすることです。

第8章

矢の周りに的を描く

自己流から脱け出そう

一〇歳の誕生日に母からもらった一束のカードが、わたしにとって最高の贈り物になるなんて誰が想像できたでしょう。明るいブルーのカードで、表にはブロック体で「ティナ」と印刷してありました。母は一〇歳のわたしに、お礼状の書き方と、お礼状を書くことがいかに大切かを教えてくれたのです。大正解でした。じつは、大人になって社会に出てからも、母にはよく教えを請いました。社会人としてどう振舞えばいいか、母ならたいていのことを知っていると思ったからです。でも、いちばんの教えが、お礼状の大切さであることはいまも変わりません。

あなたのために何かしてくれた人に対して感謝の気持ちを示すかどうかで、あなたの印象は大きく変わります。あなたのために何かをしてくれたということは、機会費用がかかっているという事実を忘れてはいけません。つまり、あなたのために時間を割いてくれたのだとすれば、その人自身やほかの誰かのために割く時間を犠牲にしたのです。自分の頼み事などたいしたことないと思いがちですが、忙しい人にとって、たいしたことのない頼み事などないのです。自分のやっていることを中断し、わざわざ時間を割いて、あなたの願いに応えてくれたのです。それがわかっていれば、お礼を言わないなんてありえません。お礼状は書いて当たり前で、書かないのはよほどの例外だと思ってください。残念ながら、実際にそうしている人は少ないので、マメにお礼状を書けば目立つこと請け合いです。

人生に大きな違いをもたらす点には、ささいなこともあれば、大きなこともあります。直感的に理解できることもあれば、意外なこともあります。学校で教わることもありますが、たいていのものは教えられていません。わたしは長年、こうした「ささいなこと」をわかっていなかったばかりに、何度も痛い目にあいました。取り返しのつかない失敗もしました。

そんなわたしが、みなさんに何より覚えておいて欲しいことがあります。世の中にはたった五〇人しかいない、ということです。もちろん、実際にそうなのではありません。ただ、行く先々で、知り合いや知り合いの知り合いに出くわして、ほんとうに五〇人しかいないのではないかと思えることが度々あるのです。隣に座った人は、自分の上司や部下になるかもしれません。顧客になるかもしれません。義理の妹になる可能性だってあります。人生においては、おなじ人が役割を変えて登場することがよくあります。私自身、かつての上司が助けを求めてきたり、逆に私自身がかつての部下に教えを請うたりする場面が何度もありました。わたしたちが演じる役割は、時とともに意外な形で変わり続けます。そして、驚くことに、おなじ人に何度も出会うのです。

それだけ世間は狭いのですから、怒りにまかせて、取り返しのつかないことはしないのが鉄則です。どうしても好きになれない人もいるでしょうし、自分もまた誰からも好かれるわけではないのですが、だからといって敵をつくることはありません。転職しようとするとき、面接の担当者が知り合いの知り合いだったということはよくあります。こうした形で、自分よりも前に評判が伝わるのです。評判がよければ有利になりますし、悪い評判が立っていると不利になります。

以下のような場面には何度も出くわしました。あるポストに応募し、面接を受けていますが、候補者は大勢います。面接はうまくいき、そのポストにふさわしいと思われます。面接担当者は、履歴書を見て、あなたが友人の下で働いていたことに気づきます。そこで面接終了後、その友人に電話をかけてあなたのことを尋ねます。元上司がざっくばらんに答えたことで、あなたの就職が決まるかもしれないし、ばっさり切られるかもしれません。就職が決まったものと思っていたのに、不採用通知を受け取ることも少なくありません。その理由はまずわかりません。

評判ほど大事な資産はありません。ですので、評判はしっかり守ってください。とはいえ、多少の過ちを起こしても、ひどく落ち込む必要はありません。時が経てば、評判を回復することは可能です。わたしは長年の経験から、この点を理解するのに役立つ喩えを思いつきました。人との関わりはすべて、プールに落ちる水滴にたとえられます。関わりが増えれば、水滴はたまり、プールの水深は深くなります。ポジティブな関わりは透明な水滴であり、ネガティブな関わりは赤い水滴です。ふたつはおなじではありません。一滴の赤い水を薄めるには、透明な水滴が何倍も必要です。そして、その数は人によって違います。とても心の広い人なら、わずか二、三滴で赤い水滴（＝嫌な経験）を帳消しにしてくれるかもしれませんが、それほど寛大でない人なら、多くの水滴が必要かもしれません。そして、ほとんどの人にとって、プールの水はゆっくりと排出されていきます。そのため、むかしの出来事よりも、つい最近の出来事が気になります。この喩えから、ポジティブな関わりがたくさんあれば、一滴の赤い水には気づかない、と考えられます。大海に赤いインクを一滴垂らすのに似ています。ただし、よく知らない相手だと、たった一度の嫌な経験で、大きなプールがたちまち真っ赤に染まります。ポジティブな関わりを増やして、ネガティブな関わりを帳消しにすることはできますが、赤色が濃ければ、プールの水をきれいにするのは大変です。わたしは経験のなかで、どうしても水がきれいにならないときがあることを知りました。そんなときは、その人との関わりをやめるべきなのです。

これは、友人や家族、同僚、取引先など、誰と接するにしろ、ひとつひとつのやり取りが重要であることを示す教訓です。じつは、あなたがどんな態度をとったのか情報を集め、それによって扱い方を決めている組織があります。たとえば、一部の有名ビジネス・スクールでは、応募者について、学校や職員とのやり取りをすべて記録しています。受付に対して失礼な態度をとれば、それがファイルに記録され、入学を許可するかどうか決める際に参考にされるそうです。企業でもこうした方法をとっているところがあり、格安航空のジェットブルーもそのひとつです。ロバート・サットンの『あなたの職場のイヤな奴』によれば、ジェットブルーの職員にしょっちゅう横暴な振舞いをすればブラックリストに載り、空席があっても搭乗を拒否されるそうです。

当然ながら、どんなときにも万人を喜ばせることはできません。ときにはあなたの行動で波風が立つ場合もあるでしょう。判断に迷ったときの対処法のひとつは、混乱が収まった後になってどう説明するかを考えてみることです。この点で思い出されるのが、二年ほど前、学生がアドバイスを求めに来たときのことです。この学生は大学全体の事業企画コンテストの実行委員長を務めていたのですが、最終審査に遅れてきたチームがありました。ほかのチームと同様に、このチームも七ヵ月間にわたってプロジェクトに取り組み、いくつものハードルを乗り越えて、ようやく最終審査にたどり着いたのでした。けれども、自分たちのプレゼンテーションの予定時刻を知らなかったのです。実行委員会の告知が遅れたのも一因でしたが、本人たちの不注意もありました。わたしに意見を求めに来た学生は、どうすべきかわからず、困りきっていました。選択肢はふたつあると学生は考えていました。ひとつは、あくまでルールに則り、このチームを失格とする方法、もうひとつは、柔軟な対応をし、プレゼンテーションの時間を別に設ける方法です。本音ではルールに則るべきだと考えていました。ほかのチームは時間どおりに来たわけですし、スケジュールを調整しなおすのも面倒です。わたしは一言だけアドバイスしました。「どんな決断をするにしろ、後々、納得できる決断をして欲しい」と。就職の面接で、判断の難しい状況にどう対処したかを聞かれたとき、このプロジェクトについてどう答えるかを考えるよう促しました。結局、遅れて来たチームには、プレゼンテーションの時間が与えられました。わたしは後になって、判断に迷ったときは、将来そのときのことをどう話したいのかを考えればいいのだと気づきました。将来、胸を張って話せるように、いま物語を紡ぐのです。

誰でも間違いは犯します。躓くのも人生の一部です。とくに初めてのことに挑戦するときは、なかなかうまくいきません。わたしなど、バカなことをしてしまって、自分を呪うなんてしょっちゅうです。とはいえ、そうした過ちからどう立ち直るかを知っておくことが重要なのだと今ならわかります。謝り方を身につけるのもそのひとつです。自分が失敗したと認めることは、大いに役立ちます。長々と言い訳する必要はありません。ただ、「うまくできませんでした。申し訳ありません」と言えばいいのです。謝罪は早いほどいいのです。ぐずぐずしていると、痛手が大きくなります。

私自身、ミスから立ち直る経験を何度も重ねてきました。なかでも、記憶に残っている出来事があります。大学院を卒業してまもなく、サンノゼ技術博物館の建設計画に関する記事を地元の新聞で読みました。魅力的な職場に思えました。創造性に関する研究の第一人者であるスタンフォード大学のジム・アダムス教授が博物館の館長に就任する予定でした。わたしは博物館の事務局に毎日電話をかけ、ジムにつないで欲しいと頼みましたが、その度に不在だと断られました。伝言は残しませんでしたが、交換手はわたしの声を覚えていて、わたしが電話する度にジム宛にメモを残していました。やっと電話がつながったときには、ジムの手元にはメモの山ができていました。

ついにジムに会えることになりました。面接はなんとか切り抜けましたが、正式な採用の通知はもらえず、展示設計の責任者として着任したばかりの女性と話をするよう勧められました。彼女の最初の仕事が、わたしを排除することだったとしてもおかしくはありません。昼食をとりながら面談することになったのですが、まだ注文もしないうちにこう言われたのです。「ちょっと言っておきたいんだけど、あなたにこの組織は合わないと思うわ。押しが強すぎるもの」。わたしは涙がこみあげてきて、このピンチをどう切り抜けるか必死に頭をめぐらせました。わたしは率直に謝り、指摘してくれたことに感謝しました。そして、たいていの人はエネルギッシュで情熱的だと言ってくれるけれど、気づかないうちに誤解されていることがわかってよかったと伝えました。わたしの熱意が誤解されていたのです。その後は打ち解け、会話が弾みました。そして最後に、採用すると言ってもらえたのです。

この逸話が示しているのは、自分の行動に責任をもち、経験から学ぼうとする姿勢が大切だということです。それができれば、すぐに先に進めます。そして、最初にお話しした点に通じることですが、わたしが現在教えているスタンフォード大学工学部の創造性に関する講座を最初に担当したのはジム・アダムスなのです。世の中はなんて狭いのだろうと思いませんか?

対人相互作用研究の専門家であるジニー・カワジーに最近聞いたところによると、学習意欲の高い人たちは悪い状況をうまく好転できるそうです。ジニーは、模擬就職面接の実験を行ないました。面接官にはあらかじめ、応募者について否定的な情報を与えます。志望者は三つのグループに分けます。第一のグループには、自分がその職にふさわしいことを証明するよう指示します。第二のグループには、面接官とのやりとりから学ぶよう指示します。そして、第三のグループには何も伝えません。第一のグループと第三のグループでは、面接官の否定的な見方が増幅されました。ところが、面接官とのやりとりから何かを学べと指示したグループは、面接官の否定的な見方を覆したのです。

ほかにも、学校では滅多に教えられないけれども大切なスキルに、交渉力があります。人と接するときは交渉の連続です。そのじつ、交渉の基本が分かっていないために大きな痛手を負っているのです。友人と土曜の夜何をするかを決めるのも交渉ですし、家族のなかで誰が皿を洗うのか、支払いは誰がするのかを決めるのも交渉です。同僚とは誰が残業して仕事を仕上げるか交渉しますし、車のセールスマンとは値引き交渉します。このように、わたしたちは日々、交渉しているのですが、そういう自覚がない人がほとんどで、どうすればうまく交渉できるかなんて見当もつきません。

わたしは授業で、求職者と雇用主の一見単純な交渉を使った演習を行なっています。[*1] 交渉で詰めるべき条件は、給料、休暇日数、仕事内容など八項目あり、求職者と雇用主はそれぞれの項目ごとに点数をつけます。各自は、点数を最大化することを目標にします。ふつうは、この項目順に話し合い、合意点を見つけようとします。ですが、このやり方ではうまくいかないことにすぐに気づきます。三〇分の交渉時間が終わると、交渉が成立したチームもあれば、決裂したチームもあります。合意に達したチームは、一緒に働きたいと強く思ったか、交渉結果に不満をもつかのどちらかです。最終的に両者が似たような点数になるチームもあれば、かけ離れるチームもあります。一体何が起きたのでしょうか?

交渉でありがちな間違いは、根拠のない思いこみにあります。そして、労使交渉でありがちな思いこみとは、雇用主と求職者は相反するゴールを目指している、というものです。求職者は、雇用主と利害がことごとく対立していると思っていますが、実際には、共通する項目が二つ、対立するものが二つ、求職者にとって重要なものが二つ、雇用主にとってはるかに重要なものが二つ、というのが現実です。嘘っぽい演習だと思われるかもしれませんが、人生のほとんどの状況はこれに似ています。利害が対立していると当人同士が思っているときですら、互いに共通の利益があるものですし、一部の問題はつねにどちらか一方にとってとくに重要なものなのです。

交渉を成功させるカギは、全員にとって最大限に有利な結果を引き出せるように、全員の利害を探り出すことです。とはいえ、これは言うが易しで、実際にはなかなかそうできません。というのは、交渉で有利になると思って、自分の利害をあきらかにしない人が多いからです。しかしながら、この作戦は誤りです。実際には、こちらが望むことが、交渉相手が望むことと一致しているかもしれないからです。

最近、車を買ったときの顚末をお話ししましょう。わたしができるだけ安く買いたいと思っているのだから、販売担当者はできるだけ高く売りたいのだろうと思っていました。でもわたしは、この仮説を検証してみようと思いたちました。そこで、試乗しているあいだに自動車業界についてあれこれ尋ねました。どういう報酬体系になっているのかも聞いてみました。すると、この担当者の歩合は、わたしに売る値段とはまったく関係ないことがわかりました。ボーナスは、売った車の値段に関係なく、顧客からの評価に基づいて決まるというのです。それを聞いてわたしは、「それならお安い御用よ。お値段を勉強してくれたら、いい評価をするわ」と言いました。お互いが得をするウィン・ウィンの状況を見つけたのです。時間をとって相手の利害を探ろうとしていなければ、お互いの利害が一致することなど気づきもしなかったし、想像もできなかったでしょう。

幸い、わたしたちは日々、交渉する機会があるので、交渉力を磨けるチャンスは数多くあります。どこでも交渉が起きることをわかっていただくために、具体的な話をしましょう。数年前、わたしは会議に出席するため、同僚のエド・ルベシュと北京に滞在していました。現地で出会ったタイのタマサット大学から来た学生は、万里の長城で日の出を見る計画を立てていました。面白そうだったので、わたしも計画に乗ることにして、実現する方法を考えると買って出ました。最初は、簡単に手配できるとタカをくくっていましたが、どういうわけか、ほぼ不可能だとわかってきました。ホテルのコンシェルジュにも聞きましたし、地元の大学教授やホテル近くのタクシー運転手にも尋ねました。でも、誰も力にはなってくれませんでした。その間、わたしは計画を会議のほかの参加者にも話して回っていて、参加したいという人が続々と出てきました。午前三時にロビーに集まることにしました。計画が実現するかどうかはすべてわたしにかかっています。みんなをがっかりさせたくないけれど、どうすればいいかわかりません。使えそうな手は全部使ってしまったのです。

そんなとき、ホテルの向かいの英語学校が目にとまりました。少なくとも話し相手は見つかりそうです。受付で、ロビーにいる一七歳の学生と話したらどうかと勧められました。わたしは自己紹介をして、その学生に話しかけました。万里の長城で日の出を見るという目的を果たすために、助けてもらえるように交渉しなくてはなりません。少し話すと、彼が優秀な学生で、音楽も運動もよくでき、大学への進学を目指していることがわかりました。これだ！　わたしは彼の役に立つ方法をひらめきました。万里の長城で日の出を見るために助けてくれたら、大学入試の推薦状を書こうと持ちかけたのです。学生にとっても願ってもない取引だったようで、数時間のうちに手はずを整え、問題を解決してくれました。わたしは喜んで、彼の行動力、創造力、そして寛大さを称える推薦状を書きました。わたしたちはともに、すばらしいウィン・ウィンの状況を作り出したのでした。

スタンフォードで交渉術を教えるスタン・クリステンセンは、交渉から最大の価値を引き出すことでキャリアを築いてきました。[*2] 人は間違った思いこみがあるために、交渉で得られるはずの多くの価値を得ていないことに彼は気づきました。スタンは、意外な点を探すよう勧めます。というのは、意外だと思うのは、自分が誤った思いこみをしているからです。また、自分の利害ではなく、交渉相手の利害やスタイルに合わせて交渉のやり方を決めるべきだと言います。きっちり作戦を決めて交渉に臨んではいけません。そうではなく、相手の発言をじっくり聞いて、どんな動機があるのかを見極めるのです。そうすれば、お互いにとって好ましい結果につながります。

子育てをしていると、交渉力を磨く機会が限りなくあります。何年か前、息子のジョシュが自転車を買いたいと言い出しました。ロード・レースに興味があり、かっこいい自転車が「必要」だと言うのです。夫とわたしのもとに来て、「いろいろ調べて、完璧なヤツを見つけたんだ。僕にはとっても大事なんだ」と言う息子に、わたしたちはこう答えました。「それはいいわね。……でも、わたしたちは自転車にそんなに出せない。半分なら出してもいいわ。でも、自転車を買うのがわたしたちにとってもっと魅力的になる方法を考えてくれてもいいんじゃない?」。どうすれば自転車代に見合うだけのことができるか、考えてもらいたかったのです。わたしたちの負担を軽くするため、息子はどんな案を思いついたのでしょうか?

二、三日考えた末、こう言ってきました。洗濯物は自分で洗う。週に三日は家族のために買い物をして夕食をつくる、と。夫とわたしは、いい取引だと乗ることにしました。自分で洗濯して、夕食もつくってくれれば、わたしたちは時間的に大助かりです。息子は息子で大事な技能が身につきます。交渉成立。息子は自転車を手に入れ、義務もしっかり果たしてくれました。どの親もそうですが、わたしたちも、将来の「取引」を交渉する機会が数多くありました。どんな交渉も、もっとも重要な成果は、次の交渉が可能になることです。最初の交渉は始まりに過ぎません。最初の取引が公正で、バランスのとれたものであり、双方が合意事項を守れば、次の交渉はもっとスムーズにいく可能性が高くなります。何度か言いましたが、世の中はとても狭いものです。おなじ人と何度も出会うものなのです。

両者が得をするウィン・ウィンの状況が作り出せず、交渉を打ち切った方がいい場合もたしかにあります。スタンは、不動産取引の事例を使ってこの点を教えています。異なるプレーヤーの利害をあきらかにしたとき、双方の最終目標に交差する部分がないなら、交渉を打ち切るのが最善の選択になります。にもかかわらず、大半の学生は、双方にとって最適とは言えなくても、どうにか取引を成立させます。交渉は決裂するよりも、ともかく妥協して成立させた方がいいという間違った思いこみをしている人が多いのです。当然ながら、いつでも交渉を成立させた方がいいわけではありません。交渉のテーブルを離れることを、つねに念頭においておくべきです。

席を立つべきかどうかを決めるには、ほかの選択肢を知ることです。そうすれば目の前の取引とくらべることができます。交渉学ではこれを、ＢＡＴＮＡ（不調時対策案）といいます。[*3] 交渉を始めるときには、ＢＡＴＮＡを持っているべきです。スタンは、ディズニーと環境団体との交渉の事例を使ってこの点を教えています。ディズニーは新しいテーマパーク建設を検討しており、環境団体はこれに反対していました。あくまでテーマパークを建設することを前提に、環境を守るためにディズニーに何ができるかをめぐって、交渉は堂々めぐりになりました。双方は合意に達することができず、交渉は決裂しました。その結果、どうなったか？　新しいテーマパークはまだできていません。ところが、交渉決裂後まもなく、建設予定地が住宅開発用に不動産業者に売られたのです。環境に与える影響という点では、テーマパークよりも住宅の方がはるかに大きいでしょう。環境団体がＢ

ATNAを考慮していれば、ディズニーと交渉を成立させた方が望ましいと気づいたはずです。

一般論をまとめましょう。交渉を効果的に進めるには、自分自身の最終目標と同様、交渉相手の目標も理解するよう努め、ウィン・ウィンの結果を模索し、いつ交渉の席を立つべきかを知っておくことです。単純に聞こえますが、これらのスキルを習得し、確実に双方が満足できるようにするためには、かなりの努力が必要です。

人助けも大切な習慣です。大学時代、わたしは週に一度、両親に電話していました。毎回、電話を切る前に母は、「何かしてあげられることはないの？」と聞いてきました。母のこの気遣いがうれしかったものです。母にしてもらえることはほとんどないのですが、必要があればいつでも手を貸してくれるとわかっているだけで安心しました。歳を重ねるにしたがい、こうした気遣いは、友人や家族、同僚に対してもできるのだと気づきました。力になろうと申し出ると、喜んでくれる人がほとんどです。たいていはささやかなことで、相手が望むのもふつうは控えめなものです。稀に、自分には応えられない、あるいは応えたくないことを求められる場合があるでしょう。それを断っても、力になろうと言ってくれたことに感謝し、助けてもらえないという事実を受け入れてくれるはずです。

こうした気遣いを日々、実践していないのなら、時々は試してみるようお勧めします。

ただし、実際に力になって欲しいと言われたら、真摯に応えなくてはいけません。ガイ・カワサキが言うように、「つねに高潔であろうとすべきです」。ガイはさらにこう続けます。「高潔な人は、お返しができるとはかぎらない人を助ける。当然ながら、自分の力になってくれそうな人に親切にするのは簡単だ。だが高潔とは、絶対に自分の力になれないとわかっている相手の力になることだ。カルマと呼んでも構わないが、心が広く他人の力になる人は、相手もまたお返ししたいと思うものだ[*4]」

とはいえ、どうやって人助けをすればいいのかわからないと、途方にくれた経験がわたしにもあります。大学一年のとき、おなじクラスに体に障害のある学生がいました。歩くときには松葉杖が必要でした。ある日彼が、教室に向かう斜面で滑って転んでしまいました。起き上がろうとしているのですが、わたしはどうすればいいのかわかりません。助け起こしもしないで通り過ぎるのは、気持ちのいいものではありません。でも、怖かったのです。わたしが近づいて、彼の障害に人目が集まるようなことをすると、かえって不愉快な思いをさせるのではないかと。クラスメートの母親が、長い闘病生活の末に亡くなったときにも、おなじように感じました。何と声をかけていいのかわからず、気に障ることを言ってしまうのではないかと恐れて、結局、何も言わないことを選びました。何年か後のことです。わたしはスタンフォードの学内を走っていました。前の日の雨でぬかるんでいた地面に足をとられ、派手に転んでしまいました。擦り傷が痛むし、泥だらけで、その場にしゃがみこんでしまいました。涙が後から後から出てきます。そのとき、少なくとも一〇人以上は通りかかったと思いますが、「どうしましたか?」と声をかけてくれた人はひとりもいませんでした。まさにこのとき、教室の前で転んだクラスメートや、母親を亡くしたクラスメートに、何と声をかけるべきだったかわかったのです。わたしはただ、「大丈夫ですか? 何かできることはありますか?」と言って欲しかっただけなのです。いまなら、こんなにシンプルな言葉でいいのだとわかります。それがわかるのに、こんなに時間がかかったなんて、我ながらあきれます。

この教訓は、チームで仕事をしているときにも、部外者に接するときにもあてはまります。残念ながら、わたしたちは誰かの負けと引き換えに自分が勝つ状況に慣れ過ぎているので、人助けの習慣を身につけるのは並大抵のことではありません。大学に入学してまもなく、こんなことがありました。おなじ寮の学生に微積分の宿題を教えて欲しいと頼んだところ、彼女は顔色ひとつ変えずにこう言い放ったのです。「わたしが教えたら、わたしよりいい成績をとって、あなたは医学部に行くでしょう。だから教えない」。誇張しているわけではありません。彼女は、将来ライバルになるからという理由で、力を貸してくれなかったのです。ずっと後のことですが、「学校では相対評価をされる」と言って息子が嘆くのを耳にしました。相対評価とは、試験に出る内容だけでなく、クラスメートとくらべた出来を気にしなくてはいけないことを意味します。これは、助け合おうという気をなくす大きな理由になっています。

こうした環境にずっといたため、よきチーム・プレーヤーであるためにはどうすればいいのか、わたしはわからなくなっていました。長い時間がかかりましたが、誰かが負けるからこそ自分が勝てる、という考え方は、非生産的以外の何ものでもないと気づきました。世の中では、ほぼすべてのことがチーム単位で進められています。自分以外の人たちを成功させる術を知らない人たちは、著しく不利になります。最高のチーム・プレーヤーは、他人を成功させるために労を惜しまないものです。じつは、組織内で地位が上がるほど、個人としての貢献は重要でなくなります。その代わりに、下の人たちを引っ張り、奮い立たせ、やる気を引き出すことが役目になります。アイデアを思いついても、それを実行に移してくれるのは、その役割を担った同僚です。このため、他人と協調できなければ、実行力は限られてきます。優れたチーム・プレーヤーは、各メンバーが何でやる気になるかを知っていて、各人が成功する方法を見つけようとします。さらに偉大なリーダーは、各人が長所を活かせる方法を見つけ出しています。

わたしがこれまで仕事をしてきたチームでは、誰もが自分は「やりやすい」仕事を担当していると思っていました。そう思えるのが理想的な環境です。こうしたチームでは、各自が最高の仕事をしていて、ほかのメンバーの仕事を高く評価しています。誰もが自分の能力や興味に合った仕事をしています。自分のチームへの貢献を誇りに思い、ほかのメンバーの貢献を称えます。まさに、「矢の周りに的を描いた」状況です。この言葉を最初に教えてくれたのは、同僚のフォレスト・グリックでした。ハーバード大学に勤務していた当時の合い言葉だそうです。考え方はこうです。もっとも優秀な人間（＝矢）を選んで、その人が得意なことに近い仕事（＝的）をつくるのです。ほんとうに優秀な人たちに最高の仕事をしてもらえれば、驚くほど成果があがります。能力や興味のないことをやらせるよりも、はるかに生産的で、本人も充実感を味わえます。重要なのは、適切に補完し合うスキルを備えたチームをつくることです。

職を探すときは、自分が応募している職が自分に合っているかを見極めることが大切です。つまり、あなたは的にふさわしい矢なのでしょうか？　わたしたちは、職を手に入れることにばかり目がいき、その仕事が自分の能力や興味に合っているか、もっと重要な点として、職場の同僚とうまくやっていけるかどうかを疎かにしがちです。これを見極める方法のひとつは、仕事以外の話題について話してみることです。そのために、履歴書のいちばん下に、自分の趣味や興味を書くといいでしょう。これは、手っ取り早く面接担当者に関心をもってもらい、共通の趣味を見つける方法です。私自身、何度も身をもって経験してきました。お互いインド料理が好きなことを発見したり、石化した木の収集が趣味という人に興味を抱いたり、おなじ学校の出身者に会ったり、学生時代におなじスポーツをしていたことがわかったこともありました。これは、面接担当者のことをよく知る方法としても優れています。

　賢明な人たちが陥りがちな大きな落とし穴があります。「正しい行為」ではなく、「賢明な行為」を正当化するのです。『あるバーチャルCEOからの手紙』の著者であるランディ・コミサーは、この二つの概念は往々にして混同されていると強調しています。優秀な人たちはとかく問題を分析し過ぎて、正しいかどうかではなく、自分の利害にもっとも適ったもの（賢明な選択）かどうかで解決策を考えます。ランディは、個人的な出来事を引き合いに出しながら、この点を論じています。自宅の工事を業者に頼みました。業者の仕事はいいかげんで、大幅にやり直さなくてはいけなくなりました。工事が終わってかなり経ってから、最後の支払いがまだだと連絡がありました。業者がいいかげんなのはわかっていたので、彼らがそれを証明できるはずはないと思いました。ところが、自分の記録を見てみると、実際、払っていませんでした。業者の帳簿がいいかげんだと言って、払わないことを正当化することも簡単だったでしょう。けれどもランディは、仕事には不満があったものの、残金を支払いました。これが正しい行ないなのだと自覚して、小切手を切ったのです。

　わたしにも、賢明な行為ではなく正しい行為に関して、記憶に残る出来事があります。陪審員をつとめた裁判のことです。ある女性が、ストック・オプションの付与日のわずか数日前に、正当な理由なしに解雇されたと雇用主を訴えていた不当解雇の裁判でした。審理は一〇週にわたって続き、「正しい」結果とは何なのか、じっくり考える時間がありました。法律は雇用主に有利でした。いつでも解雇できる雇用契約になっていたからです。ただ、解雇のタイミングが「正しかったかどうか」ははっきりしませんでした。陪審員は何日も慎重に審議しました。いま振り返ると、話し合いがとても難しかったのは、「正しい」判断と「賢明」な判断のあいだで引き裂かれていたからだと思います。最終的に、原告の勝訴という結論を出しましたが、賠償額は原告の要求を大きく下回りました。後になって、原告が上告し、裁判が続いたことを知りました。

建設業者の逸話から、またわたしの裁判の経験からも言えるのは、正しく行動することと、自分にとってベストの判断を正当化することには、大きな隔たりがあるということです。あなたの行為は、あなたに対する周りの評価に影響を与えます。そして、何度も言うように、いつかどこかでおなじ人に出会う可能性は高いのです。ほかのことはともかく、相手があなたの振舞いを覚えているのは確実です。

自分で自分の首を絞める場合もあります。最大の要因は、多くの責任を背負い過ぎてしまうことです。無理をすると、いずれ収拾がつかなくなります。人生は魅力的な可能性が載ったトレイがずらりと並んでいる大きなビュッフェのようなものですが、欲張って自分の皿にあれもこれも載せてしまうと、消化不良になるのがオチです。本物のビュッフェとおなじで、人生でもすべてを平らげることはできますが、いっぺんにはできません。ひとつのやり方として、生活の変化とともに優先順位は変わると自覚したうえで、そのときどきで三つの優先順位を決める方法があります。この考え方は、目新しいわけではありません。じつは、アメリカ海兵隊をはじめ軍隊では、一般原則として「三つのルール」を活用しています。長年、試行錯誤を繰り返した末に、大多数の人間が遂行できるのは一度に三つまでであることを発見しました。その結果、軍事システム全体がこの点を反映するよう設計されているのです。中隊長は三人の小隊長を束ね、小隊長は三人の分隊長を束ね、分隊長は三人の班長を束ねます。陸軍では「四つのルール」を試しましたが、効率は目に見えて落ちたそうです。

三つの優先課題だけに専念すると、欲求不満が溜まるかもしれません。けれども、「ORの抑圧」（あれかこれかの選択を迫られる事態）は避けられます。実際、順序だててやらなければならないことがあります。たとえば、初めて親になったときは、ほかのことは脇においておかねばなりません。また、大量の原稿の締め切りが迫っていれば、ほかのことは二の次になります。とはいえ、一度にふたつ以上の望みをかなえる方法はたくさんあります。たとえば料理が好きで、友達と会う時間を増やしたいなら、料理クラブを始めてもいいでしょう。何年か前、「チョップ&チャット（切って喋って）」という名のグループを主宰している女性と知り合いました。毎週日曜、六人の女性がメンバーの自宅に集まります。各自が材料を持ち寄って、違う料理を作ります。出来上がった料理は六軒分に分け、各自が持ち帰ります。これで、一週間、毎日違うメイン料理を楽しめるというわけです。「チョップ&チャット」は、女性たちが一緒に料理しながらおしゃべりを楽しみ、家族の夕食までできるという点で、とてもよく工夫された方法と言えるのではないでしょうか。

仕事と、自分が打ち込める活動を組み合わせる手もあります。ベンチャー・キャピタリストのフェルン・マンデルバウムの例を紹介しましょう。会議といえばオフィスで開かれるものだと思うでしょうが、彼女の場合は違います。根っからの運動好きの彼女と新規事業の話がしたいなら、一緒に山に登る覚悟が必要です。フェルンの知り合いは皆、彼女と打ち合わせるなら、ウォーキングシューズとミネラルウォーターを持っていくべきだと承知しています。この作戦は、それぞれの起業家の個性を把握し、なおかつ新鮮な空気を吸い、運動するのに格好の方法だと本人は思っています。リンダ・ガスの例もあります。リンダは、絹に絵を描くのを専門にし、受賞歴もある画家ですが、熱心な環境活動家でもあります。彼女は、長年かけて、自分の作品で重要な環境問題を伝えることにより、絵画と環境という二つの関心を結びつける方法を編み出したのです。[*5]

要約しましょう。ほんの少しの心がけで、自分でつくりがちな障害や落とし穴を簡単に避けられるようになります。最善の方法のひとつは、自分を助けてくれる人に対して、つねに感謝の気持ちを表すことです。引き出しには買いだめした「サンキュー・カード」を入れておき、こまめにカードを送りましょう。世間は狭く、おなじ人に何度も会う機会があることもお忘れなく。あなたの評判を守り、高めてください。それは最大の資産であり、しっかり守るべきものなのだから。そして一言、「申し訳ありませんでした」と言えるように、謝り方を覚えましょう。あらゆることは交渉可能であり、すべての当事者が勝つような方向で交渉することを覚えましょう。他人の強みを活かし、得意なことができるようにしましょう。賢明なことでなく、正しいことをしておけば、後々、胸を張って話せます。最後に、あれもこれもと欲張り過ぎてはいけません。あなた自身も、あなたを信頼してくれる人たちもがっかりさせることになるのですから。

第9章

これ、試験に出ますか?

及第点ではなく最高を目指せ

わたしの授業ではパワーポイントのスライドは一切使いませんが、初日は別です。一学期の一〇週間に何をやるのかを、スライドを使って説明します。最後のスライドには、わたしの約束と、学生に期待することを挙げています。最後のポイントはこうです。「光り輝くチャンスを逃すな」。わたしは毎回、自分のベストを尽くすつもりであり、学生たちにもそうするよう望みます。全員に「A」をつけるのはやぶさかではないけれど、バーはきわめて高い、とも言います。こうした話をするのは、これが最初で最後です。

それで、どうなるのでしょう？　学生は、つねにわたしや当人の予想を超える結果を出してくれます。「光り輝く」というモットーを大切にし、学期が進むにつれて、バーを何度も引き上げるのです。数年前、授業が始まる少し前に教室に着くと、ひとりの女子学生がアイポッド・ナノで音楽を聴いていました。ナノは初めてだったので、見せて欲しいと頼みました。ひっくり返しながら渡してくれたアイポッドには、あの言葉が書いてありました。「光り輝くチャンスを逃すな」。ネットで注文すると、好きな言葉を彫ってもらえるようですが、彼女は名前や連絡先ではなく、この言葉を選んだのです。毎日、思い出すためにに。もちろん、わたしのためにそうしたわけではありません。彼女自身のためです。

この言葉は、口にした私自身が驚くほど、学生の心に残ったようです。まるでこう言われるのを待っていたかのようでした。学生たちは、潜在能力を最大限に発揮し、場外ホームランを打ち、聡明さを輝かせてもいいという許可を渇望しているのです。残念ながら、たいていの状況ではこうしたことは起こりません。わたしたちは、「最低限の条件を満たす」よう促されています。つまり、要求されたことに応えるために最小限の努力をするよう暗に明に促されているのです。たとえば、教師は課題を出すとき、及第点を取るには何が必要かをはっきりと言います。いまも昔も学生は、きまって「これ、試験に出ますか?」と聞いてきます。教師はこの質問を嫌います。とはいえ学生には、自分が望む成績を取れる最小限の努力でいいという考えが、長年のあいだに刷り込まれます。仕事でも、上司がボーナスや昇進の査定に必要な基準をあきらかにすると、おなじことが起こります。

　見返りに何を得るかが正確にわかっていれば、最低基準を満たすのは簡単です。でも、こうした限度を外したときにこそ、目を瞠るようなすばらしいことが起きるのです。じつは、わたしたちひとりひとりは、こうした限度を取り外してしまいたいという鬱積した欲求を抱えているのではないでしょうか? ソーダの瓶を振ったときのように、限度とされるものを取っ払うと、めざましい力を発揮するのです。

　アシュウィニ・ドーシというすばらしいお手本がいます。彼女は数年前、大学院生のときに、部のリサーチ・アシスタントとして応募して来ました。わたしは偏見のない人間だと思いますが、それでも面接に現れた彼女を一目見たときには、一瞬、怯んでしまいました。アシュウィニは美しい女性ですが、身長が一メートルそこそこしかないのです。声も幼児のようです。でも、考え方は大人の成熟した女性のそれでした。わたしは採用できないと伝えるのを躊躇しました。アシュウィニはこうしたことを何度も経験していました。まず外見で驚かれるため、身体的な違い以外のものに注目してもらうのに時間がかかるのです。彼女がわたしの講義を取ることになったのは幸運でした。これで本人のことをよく理解する機会が得られたのですから。グループ内でポストに空きができたとき、わたしは一も二もなく彼女を採用しました。アシュウィニの仕事ぶりは模範的でした。すばらしいチーム・プレーヤーで、つねに期待以上の仕事をしてくれました。

アシュウィニは、インドのムンバイ（かつてのボンベイ）生まれ。父親と三人の兄弟、それぞれの妻、子どもたち、祖父母の一九人の大家族で育ちました。生まれたときはふつうでしたが、一歳になる頃には発育不全であることがわかったと言います。インドの医者は治療法がわからなかったので、彼女の小さなレントゲン写真をアメリカの専門家に送りました。唯一の治療法は、四肢に骨をつなげて延ばすしかない、とのことでした。六年がかりで全身にメスを入れることになります。手術すれば、何ヵ月も安静にしていなければなりません。活発な女の子だったアシュウィニにはできない相談でした。

アシュウィニが幸運だったのは、家族がとてもおおらかで、愛情に満ちていたことでした。異分子がいると、それを恥じて隠そうとする家庭も多いものですが、アシュウィニの家族は違いました。アシュウィニはボンベイ一の進学校に通い、成績もつねにトップクラスでした。驚くほど前向きで、幼い頃から人と違うことでかえって不思議と力が湧いたとていきます。

言います。本人はあくまでふつうの人間であり、すばらしい人生を送ってきたのだと思っています。

自分にできないことはないと心底思っていて、実際にそれを身をもって示してきました。大学院に進学するため、たった一人でカリフォルニアに行こうと決めました。文化的な違いもあるし、身体的ハンデもあります。そのうえアメリカには知り合いがひとりもいません。友人の多くはインドにいた方がずっと楽に生活できると説得しました。でも、彼女は自分の意志を貫きました。スタンフォードに着いたとき、彼女のために特別に用意されたのはアパートの脚立だけです。これを使えば台所のガス台に届きます。彼女は来る日も来る日も、必要に迫られて、身体的ハンデを克服する巧みな方法を編み出しました。

困っていることはないかとわたしが尋ねても、ひとつも思いつかない様子でした。そんなことなど考えたこともない、といった風情です。なおもしつこく尋ねると、自分を受け入れてくれる自動車学校がなかなか見つからないと答えました。長年、友達に送り迎えをしてもらったり、公共交通機関を利用したりしてきたのですが、運転免許を取ろうと思いたち、アクセルとブレーキ・ペダルに足が届くようにペダルの延長装置を買ったのです。何十回と電話をかけ、ようやく受け入れてくれる自動車学校を見つけました。

彼女に関して何よりも印象的なのは、頼まれた仕事はつねに一〇〇パーセント以上の結果を出すことです。そんな彼女でも、たったひとつ後悔していることがあるそうです。若い頃、もっとリスクを取っておけばよかった、というのです。さまざまな障害を乗り越えてきたアシュウィニですが、それでも安全な道を歩いてきたと思っているのです。人生にリハーサルはない、最高の仕事をするチャンスは一度きり。彼女はこうした考え方をモットーとしています。アシュウィニこそ、光り輝くチャンスを逃さない、理想的なモデルと言えるのではないでしょうか。

光り輝くとは、いつでも期待以上のことをすると決意することです。裏返せば、期待される最低限のことしかしないのは、その機会を自分で台無しにしていることになります。学校の訓辞みたいだと思われるかもしれませんが、これは真実です。逃した機会を足し合わせると、大赤字になります。おなじ一〇〇ドルを、利回りが五パーセントと一〇五パーセントの商品に投資した場合の違いを想像してみてください。時を追うごとに、その差は大きくなります。これが人生に起きていることなのです。自分が投資したことは、自分に返ってきます。そして、日々、その結果が蓄積されているのです。

スタンフォード大学の機械工学教授バーニー・ロスは、Dスクールで挑発的な演習をして、この点を浮き彫りにしています。学生をひとり呼び出し、「この空瓶を僕から奪おう、い、い、いとしてみて」と言います。バーニーは瓶をしっかり握っていて放そうとしません。学生は懸命に奪おうとしますが、落としてしまいます。瓶を拾い上げて、少しセリフを変えます。

「この瓶を僕から奪って、」。学生はさらに必死に奪おうとします。たいていはうまくいきません。さらに学生をけしかけます。だいたい三度目で奪い取ることができます。ここからどんな教訓が導けるのでしょうか？　何かをしようとするのと、実際にするのでは大違いだ、ということです。わたしたちは、「何かをしようとしている」としょっちゅう口にします。減量であったり、運動であったり、職探しであったり。でも、ほんとうのところは、しているのか、していないのか、どちらかなのです。「しようとしている」というのは言い訳に過ぎません。何か事を起こすには、最低でも一〇〇パーセントの力を出して実現のために努力しなくてはなりません。一〇〇パーセントの力を出す覚悟がないなら、目標が達成できなかったとき、責めるべきは自分しかいないのです。

言い訳は無意味、専門的に言えばたわ言である、とバーニーは教えています。人は、するべき努力をしなかったという事実を繕うために言い訳をします。これは人生のあらゆる場面にあてはまります。時間に遅れたとき、宿題を提出しなかったとき、試験に落ちたとき、家族とともに過ごさなかったとき、恋人に電話しなかったとき等々。仕事が忙しかったとか、病気になったとか、社会的に許される言い訳はできますが、本気でそうする気があるなら、実現する方法をひねり出しているはずです。

耳に痛いのは、身に覚えがあるからでしょう。できなかったことの言い訳や理由は、「もっともらしく」聞こえるなら、社会的に容認されるとバーニーも認めています。しかし、人に対して言い訳をしなくてはいけないと感じたとしても、自分自身には言い訳をしてはなりません。本気で何かをしたいのなら、すべては自分にかかっているという事実を受け入れなければなりません。したいことを、優先順位の上位にもってくるか、さもなければリストから外すべきです。この点を覚えてもらうために、バーニーは学生に、最大の目標を紙に書いて、それを妨げている直接的な要因を挙げるという課題を出します。リストはものの数分で完成します。するとバーニーは、自分の名前だけ書いて白紙のリストにすべきだと学生を挑発します。わたしたちは、自分の邪魔をするとか、させてくれないと言って他人を責めたり、外的要因のせいにしたりしています。繰り返しになりますが、目標を達成するかどうかは、あくまで自分自身の責任なのです。

こうした演習や、そこで得られた教訓から、自分の人生に責任をもつのは最終的に自分自身なのだという考え方が強化されます。いついかなるときも、努力の足りないことの言い訳はできないのです。起業家として成功した韓国系アメリカ人のチョンムン・リーが、そのことを身をもって教えてくれています。[*1] 彼の物語は、行く手を阻む壁をいくつも押しのけ、目標を達成した好例です。リーは法律、経済、図書館学を学び、図書館の司書として人生を送るのだろうと思っていましたが、韓国の実家の製薬会社に連れ戻されます。が、結局、家族との不和が原因でその会社を去ります。一念発起したリーは、シリコンバレーにやってきて、アメリカ製品を日本に販売するという新事業を立ち上げました。生活は豊かになり、子どもに一人一台コンピューターを買い与えることにしました。息子にはIBMのパソコン、娘にはアップルⅡを買いました。息子は仕事のために「高度な」パソコンが必要で、娘は学校用に使えればいいという考えでした。ところが蓋を開けてみると、息子も娘もアップルにかじりついています。アップルのソフトウエアやグラフィカル・インターフェースの威力を思い知ったリーは、IBM―PCでアップルのソフトウエアを走らせる方法はないかと考えました。一年くらいあればなんとかなるだろうと思っていましたが、結局、開発に六年かかりました。リーは、PC向けのグラフィック・カードを製造するダイヤモンド・マルチメディアにすべてを注ぎ込みました。食べるものにも事欠き、食料品店が破棄したキャベツを食べた時期もありましたが、目標に食らいつきました。ダイヤモンド・マルチメディアは一四年後、アメリカのグラフィック・アクセラレーターの製造ナンバーワンになりました。リーは、揺らぐことのない粘り強さで的を絞ることができたからこそ成功したのだと考えており、自分の仕事に全身全霊を傾けたと語っています。

もうひとつの例が、7章で紹介したスノー・シューズのデザイナー、ペリー・クレバーンです。期待をはるかに上回ることをやってのける達人です。ペリーは最近、メッセンジャー・バッグや鞄を手がけるティムバック2の社長に就任しました。サンフランシスコを拠点とする同社は、ペリーが就任する直前はガタガタでした。大きくなり過ぎて、能力が追いついていなかったのです。情報システムなどのインフラは限界で、従業員はあちこちのビルに分散し、それぞれ孤島のような状態にあり、士気が下がっていました。これを立て直すためにペリーが招聘されたのです。ペリーは、あらゆる面を一流に押し上げるつもりで、状況を詳細に分析しました。まずはコミュニティとしての一体感を強化するために、従業員をひとつ屋根の下に集めました。さらに、経営幹部チームを七日間の野生探検に連れ出しました。自然のなかでは、原始的な意味でお互いを頼るしかありません。これにくらべれば、会社の問題などとるに足らないことに思えます。つぎに、会社の理念を反映し、強化する形で、従業員に報いることにしました。毎月、全従業員が自分の趣味や活動を書いて提出し、くじで一人を選びます。選ばれた従業員は、自分の趣味に合うようにデザインされたメッセンジャー・バッグを受け取ります。バッグはとてもユニークで、手のこんだものであり、この会社の要である独創性と革新性を表現しています。

さらにペリーは、製品の改良にユーザーの参加を促すモジラなどのオープン・ソース・デザインに触発されて、デザイン・プロセスをネットのコミュニティで公開し、新製品のデザインづくりに顧客の参加を呼びかけることにしました。最初から数百人の顧客が参加し、デザインを見てさまざまな意見を出し、ティムバック２の製品の枠を広げたのでした。こうした取り組みのおかげで、同社にはつねに新鮮な見方やアイデアがもたらされています。

壊れたインフラを整備し直しただけでもティムバック２は再建を果たしていたと思いま

すが、会社をすばらしくするという理想を掲げて、ペリーは限界を突破したのです。

チョンムン・リーやペリー・クレバーンら偉業を成し遂げた人たちは、競争好きだと思われがちです。他人を犠牲にしたからこそ、目標を達成できたと思っている人が多いのです。でも、実際は違います。競争が好きなのと、目標達成の意欲が強いのとでは、大きな違いがあります。競争好きとは、ゼロサム・ゲームのなかで誰かの犠牲と引き換えに成功することを意味します。これに対し、目標達成の意欲が強い人は、自分自身の情熱を掻き立てて事を起こすのです。偉大なリーダーの多くは、周りの人たちの成功に刺激され、やる気になっています。

起業家として成功するには、闘争心を燃やすよりも、やる気に燃えた方がはるかに生産的です。この点に注目してもらうために、わたしはシミュレーション演習を設計しました。この演習では、グループを六チームに分けます。つぎに、完成したジグソーパズルを五組見せます。それぞれのパズルは一〇〇個のピースから成ります。[*2] このパズルを一分前後見てもらった後、バラバラにして、ピースを枕カバーに入れてかき回します。二、三個だけわたしの手元に置き、残りのピースを適当に六チームに配ります。そして、一時間で完成するよう指示します。各チームには、通貨として二〇のポーカーのチップも渡しておきます。制限時間がくると、ポイントを数えます。パズルの大きな島からピースを数え始めます。大きな島は一ピースが一ポイントです。つぎに小さな島のピースの数を数えます。一ピースは〇・五ポイントです。制限時間内に完成できたチームは、ボーナスとして二五ポイントもらえます。

チームの数よりパズルの数が少ないため、必要なピースを集めるのに、ほかのチームと競争するのか協力するのか、あるいは両方なのかを決めなくてはいけません。こうした状況をつくるのは、現実社会に似せるためです。ピースが全部揃えばパズルが完成するのはわかっていますが、すべてをコントロールできるチームはありません。完成させるには、必要なピースを確保する方法を見つけなくてはなりません。さらに、どのチームにとっても十分な数のパズルがないので、一部のチームは、ポイントを稼ぐにはほかの方法を見つけるしかありません。現実の世界もこれとおなじで、生態系のなかで多くの異なる役割が演じられています。世界が静止しているわけでもありません。ゲームが始まると、だいたい一〇分ごとに何かが起こります。わたしが手元のピースのオークションをしたり、完成したパズルの写真を売ったりすることもあります。各チームから一人、ピースを数個持ってほかのチームに移ってもらうこともあります。状況の変化に応じて、創造性と柔軟性を発揮することが必要です。

チーム同士が協力しなければ、パズルは完成しません。各チームはピースを売買したり、交換したりして、ゲームを進めます。できるだけ損しないで、自分たちの利益を最大化できる方法を見つけようと奮闘します。そのためには、作戦と行動のバランスが求められます。刻々と変わる状況のなかで、やるべきことをメンバーに割り振り、競争と協力の境をどう行き来するのかを決めなければならないのです。パズルの数が足りないのはわかっているので、少なくとも一チームは、パズルを組み立てないで別の役割を引き受けなければなりません。チームがバラバラに分かれ、ほかのチームに合流する場合もあれば、チーム全体でブローカー役を引き受け、パズルのピースを売買する場合もあります。あるいは、すべてのチームがまとまって、全員ですべてのパズルを完成することもあります。わたしはこの演習を大人数でやるのが好きです。六チームを二つ以上つくって、それぞれに五組のパズルを配ります。これだと同時並行的に違った作戦が展開するので、後からくらべると面白いのです。

最悪なのは、どのチームも自分たちが一番になろうとして競い合う場合です。手元のピースを隠して、ほかのチームが欲しいと言っても交換に応じません。こうしたチームばかりのグループは、自分たちが勝つことばかりに気をとられて、結局どのチームも負けてしまいます。協力した方がいい結果になるのはわかっていながら、競争を選んでしまうこともあります。競争はわたしたちの文化にしっかり根づいているので、当たり前といえば当たり前です。さらに、ほかのチームを出し抜こうとしたチームは、結局自滅することになります。最初にこの演習をしたとき、あるチームが手元のピースにこだわり、ほかのチームに売ろうとしませんでした。制限時間が近づいたところで売ろうと考えたのです。これが裏目に出ました。互いに競争することばかりに時間を取られていたので、制限時間が来てもパズルは完成には程遠い状態でした。最後まで残したピースは何の役にも立たなかったのです。[*3]

この演習を経験すると、資源が限られた環境では、自分だけでなくほかの人たちもうまくいくことを目指した方が、自分だけが勝つことを目指して争うよりもはるかに生産的である、という点を強く意識するようになります。演習の参加者は、ほかの人たちが持ち寄ったスキルやツールを活用できるようになり、自分たちだけでなくほかの人たちの成功も祝福できるようになります。これはビジネスだけでなくスポーツにもあてはまります。どちらも競争がすべてと思われがちですが、実際は違います。たとえば、ランス・アームストロングは『ただマイヨ・ジョーヌのためでなく』（講談社）のなかで、ツール・ド・フランスの参加者が、レースの最中にいかに協力するかを詳細に綴っています。また、ヤフーやグーグルをはじめ、競合関係にある企業の多くが協力し、それぞれの強みを生かすことによって「コーペティション（協調と競争）」を実践しています。

光り輝くことにかけて、多くの企業は自分たちがほんとうに輝ける分野を選んでいます。BMWは最高峰のエンジニアリングを重視しています。ウォルマートは最低価格を保証しています。ディズニーランドは世界一幸せな場所であるために努力しています。ノードストロームは一流の顧客体験を提供するために奮闘しています。ノードストロームを知っている人に尋ねたら、自分が受けた最高級のサービスについて、少なくともひとつは話してくれるでしょう。

わたしは、ノードストローム三兄弟のうち、経営の舵をとるエリックとブレイクのふたりに会う機会に恵まれました。そして、どんな方法で従業員に顧客中心主義を浸透させているかを知りました。意外なことに、具体的なルールや秘策があるわけではありません。販売員は基本的に、ごく短期間の研修を受けた後、その時々に発生する問題を各自の最良の判断で解決するよう求められ、顧客の立場に立って行動する権限が与えられています。販売員はひとりひとり違うので、顧客への対応にも個性が現れており、似たような問題にも幅広い解決策が生まれることにつながっています。また、顧客とのエピソードを従業員同士で共有する文化があるため、すばらしいサービスの事例は、従業員の教訓や刺激として活かされています。問題の解決を各自に委ねることで、ノードストロームでは間違いを犯す自由も与えていることになります。顧客にサービスしようとしての間違いであれば、すぐに許されるし、おなじ間違いが繰り返されることは滅多にない、とエリックとブレイクは口を揃えます。

ノードストロームでは、あらゆるインセンティブがすばらしい顧客体験を生む方向を向いています。マネジャーはチームをうまく回すのが仕事であり、従業員は顧客こそ究極の「上司」だと考えています。エリック、ブレイク、それに弟のピートをはじめとする経営幹部は、勤務時間の半分は店を回り、各売り場で顧客に応対したり、従業員に声をかけたりしています。みな、現場には精通しています。倉庫係を振り出しに、靴の販売員、靴部門のマネジャー、バイヤー、店長、地域本部長と駆け上がってきたのですから、それも当然です。そして、大企業のトップとなったいまでも、つねに現状を改善する方法を探し続けているのです。とても謙虚な姿勢で、物事をしっかり見て、人の話に熱心に耳を傾け、集めた情報を基に、確信をもって行動に移しています。顧客満足を高めることに心をくだいているので、顧客との距離は驚くほど近くなっています。三人兄弟はみな、みずから電話をとり、電子メールを書き、個人的にメッセージに答えています。

顧客第一主義はノードストロームの文化にしっかりと根づいているので、その組織は、顧客を頂点に、経営陣が底辺にいる逆ピラミッドのようなものだと三兄弟は評します。社内で昇進したとすれば、階段を降りたことになります。底辺にCEO（最高経営責任者）はいません。ブレイクが社長で、エリックが店舗担当社長、ピートが販売促進担当社長です。緊密な連携を取りながら、各自が強みを発揮しています。共通のビジョンの下で、協力しながら仕事を進めているのです。

ノードストロームのサービスのすばらしさを示す、とっておきの逸話を紹介しましょう。

紳士服売り場に、白襟でボタンダウンのブルーのシャツが二枚欲しいという男性客が来ました。販売員は店頭で探すのを手伝い、ほかの店舗にも問い合わせましたが、在庫はありませんでした。でも販売員は、「あいにく在庫がありません」とは言いませんでした。白いシャツとブルーのシャツを二枚ずつテイラー部門に持っていき、襟を付け替えてくれと頼んだのです。そうすれば、白襟のブルーシャツとブルーの襟の白いシャツが二枚ずつできます。販売員はブルーのシャツを客に見せ、「もし逆の組み合わせもお望みでしたら、ご用意できます」と言ったそうです。

ひとりひとりの顧客との一回ごとの経験は、初めて打席に入るようなものだと、ブレイクとエリックは口を揃えます。一回ごとの接客が、顧客にすばらしい体験を提供し、販売員の評判を高めるチャンスなのです。たとえそのときに売り上げにつながらなくても、投資はいつか引き合います。

おわかりだと思いますが、光り輝く方法は一様ではありません。ですが、すべては限界をとっ払い、持てる力を遺憾なく発揮しようとするところから始まります。及第点に満足せず、自分の行動とその結果の責任は、最終的に自分にあることを自覚することです。人生にリハーサルはありません。ベストを尽くすチャンスは一度しかないのです。

第10章

実験的な作品
新しい目で世界を見つめてみよう

種明かしをすると、これまでの章のタイトルはすべて、「あなた自身に許可を与える」としてもよかったのです。わたしが伝えたかったのは、常識を疑う許可、世の中を新鮮な目で見る許可、実験する許可、失敗する許可、自分自身で進路を描く許可、そして自分自身の限界を試す許可を、あなた自身に与えてください、ということなのですから。じつはこれこそ、わたしが二〇歳のとき、あるいは三〇、四〇のときに知っていたかったことであり、五〇歳のいまも、たえず思い出さなくてはいけないことなのです。

従来の考え方に閉じこもり、ほかの可能性を排除するのは、信じがたいほど楽なものです。周りには、踏みならされた道にとどまり、塗り絵の線の内側にだけ色をつけ、自分と同じ方向に歩くよう促す人たちが大勢います。これは、彼らにとってもあなたにとっても快適です。彼らにとっては自分の選択が正しかったことになり、あなたにとっては簡単に真似できる秘訣が手に入るのですから。けれども、こうしたやり方は、人をがんじがらめにします。

中南米では、自分よりも上に行かないように他人の足を引っ張る人間を評して、「上着を引っ張る人」という言い方があります。「背の高いポピーは切られる」という言い方をする地域もあります。周りよりも背の高いポピーは、背丈がおなじになるように切り揃えてしまうのです。集団のなかにいるのが当たり前で、前に出てリスクを取ろうとする人は引き戻されます。もっと悪いことに、人と違った行動をとる人を犯罪者扱いする地域もあります。たとえば、ブラジルで起業家にあたる言葉「エンプレサリオ」の元の意味は「泥棒」です。歴史的に、起業家として成功し、お手本になる人がほとんどいないため、型破りの成功を収めると法を犯したのではないかと怪しまれます。発展途上国で起業家精神を高めることを目指したエンデバーでは、こうした考え方が大きな壁となりました。中南米で事業を立ち上げるにあたり、現地の人たちに起業家精神を育成したいと説明すると、激しい反発が起きました。これを受けてエンデバーでは、「エンプレサリオ」に変わる新しい言葉「エンプレンデドル」を作り出しました。これは、イノベーションと起業家精神の本質を捉えた言葉です。数年かかりましたが、辞書にも載りました。エンデバーは現在、エジプトで同様の問題に直面しており、ここでも起業家を表す新しい言葉を作り、広めようと考えています。

Dスクールでは、従来の考え方から自由になって常識を疑い、想像力の翼を広げていいのだと学生に許可を与えることを重視しています。どの課題も、快適な場所を離れ、身近な世界との関わり方を変えなければ答えられません。わたしたち教師は疑問を投げかけますが、答えをもっているわけではありません。教室も実験を奨励するように作られています。椅子や机にはすべてキャスターがついていて簡単に動かせ、自由にスペースがつくれます。授業のたびに、教室の配置が違うのです。紙や木、プラスチック、クリップ、ゴムバンド、カラーペン、パイプ・クリーナー、テープなどが、アイデアを実現するための試作品づくりに使われます。所狭しと並んだ可動式のホワイトボードには、ブレイン・ストーミング用の色つきマグネット・シートがベタベタと貼られています。壁には、クリエイティブな発想のヒントになるように、過去のプロジェクトの写真や加工品が飾ってあります。

学生たちに与える課題は、現実的で、決まった答えのないものです。たとえば、大学内で自転車の安全性を向上する方法や、体にいい食べ物を子どもが喜んで食べるようにする方法を考える、といった課題です。こうした、その場でできる課題にくわえて、ジム・ペイテルとデイブ・ビーチが教える「超低価格の製品デザイン」を履修した学生は、途上国のパートナーと共同で問題を見つけ、コスト効率よく解決する方法を考えます。このプロジェクトからは、刺激的な製品が数多く生まれ、市場化の過程にあります。たとえば、あるチームはまったく新しい保育器をデザインしました。ネパールの病院を訪ね、従来の西洋式保育器は元値が二万ドルもするうえ、現地の環境に合っていないことに気づいたのがきっかけです。多くが故障しているか、部品が手に入らなくて放置されていました。使用説明書や警告のラベルも外国語で書かれているため、看護スタッフは読めません。そして、もっとも重要な問題は、保育器を備えた都市の病院ではなく、遠く離れた村で出産する女性がほとんどだということでした。つまり、温かい保育器が必要な未熟児には行きわたらない状態だったのです。

低コストでローテクの保育器が必要だ。こう考えたチームの面々は、数ヵ月のうちに小袋つきの寝袋をデザインしました。小袋のなかには特殊なワックスを入れます。ワックスの融点は三七度で、赤ん坊を温めるのにちょうどいい温度です。[*1] 二万ドルもする保育器がなくとも、わずか二〇ドルの寝袋があれば、その場で、あるいは輸送中も、未熟児の世話ができるのです。使用する際には、ワックスを取り出し、お湯につけて溶かします。それを寝袋に戻せば、数時間は温かさが続きます。冷めても、ワックスならすぐに温まります。技術的な訓練は必要ないし、電力も要りません。そして、都市の病院を利用できず、医療サービスの乏しい地域でも購入できる程度の安さです。

このコースを巣立っていった学生は、がらりと変わります。身の回りの問題に注意を向けることがいかに大切かを知り、それを解決する力を得るのです。Dスクールの生みの親でもあるデビッド・ケリーが言うように、「クリエイティブな自信をもって旅立つ」[*2] のです。実験し、失敗し、もう一度トライしてもいいと暗に明に許可を得ていることを、彼らは知っています。わたしたちの誰もが認識すべきなのは、ひとりひとりがおなじように許可されているということです。許可をするのは自分であって、外から与えられるものではありません。わたしたちはこの点を知りさえすればいいのです。

人はそれぞれ、世の中をどう見るかを自分で決めています。わたしがこの点を理解したのは、思いがけないきっかけからでした。一〇年ほど前、わたしはクリエイティブ・ライティングの講座を受講しました。講義では、おなじ場面を二回書くという課題が出されました。一回目は恋に落ちた人の視点で、二回目は戦争で子どもを亡くした親の視点で書けというのです。恋をしているとか、戦争中だとは書いてはいけません。単純な課題ですが、どういう精神状態にあるかで世の中がまったく違って見えることに気づきました。上機嫌で人ごみを歩いていると、色や音に気がつき、視界も広がります。おなじ街を歩くのでも、気持ちが塞いでいると、何もかもが灰色に見え、歩道のひび割れといった不完全なものばかりが目に飛び込んできます。足元しか見えず、街はわくわくするどころか、怖いところになります。この課題のために書いた文章をお見せしましょう。

リンダは、買ったばかりのピンクのバラの花束に顔を近づけ、愛しそうに眺めた。花を眺めているうちに、隣のベーカリーからおいしそうなパンの匂いが漂ってくるのに気づいた。うきうきした気持ちだった。店先で手品をしている人がいる。派手な衣装をつけた手品師の周りを子どもたちが取り囲み、失敗するたびにくすくす笑っている。しばらく眺めていたリンダも、思わず笑っていた。手品師はリンダに向かって気取った会釈をして、パフォーマンスを終えた。リンダは深々とおじぎを返し、一本のバラを手渡した。
ジョーは、冷たい霧から身を守るように、うつむき加減で歩いていた。風で飛ばされた新聞紙が建物にぶつかって、また舞い上がる。「割れ目を踏んだら、母に苦労をかける。線を踏んだら、母を苦労させる」。歩道に規則正しく並んだ敷石の割れ目を通る度、この台詞がずっと鳴り続けている。目の前に延びるデコボコ道を見ていると、子どもの頃の掛け声が頭の後ろで通低音のように響いている。

この課題は、書く技術を磨いてくれただけでなく、身の回りの見方をどう決めているかを思い出させてくれた点で、とても貴重な経験でした。身の回りには、割れ目も花もあふれています。どちらを見るかは、わたしたちひとりひとりが決めているのです。

わたしは、この本で紹介した物語の一部を父に話しました。すると父は、八三歳の人生を振り返って、いちばん大切な知恵は何か考えてみると言ってくれました。現在は悠々自適の生活をしていますが、父は踏みならされた楽な道を歩いてきたわけではありません。父は八歳のとき、アメリカに渡ってきました。一九三〇年代に、一家でドイツから命からがら逃げてきたのです。当初は英語がまったく喋れませんでした。両親には二人の子どもを育てる余裕がなかったため、父は親戚に預けられましたが、意思疎通ができませんでした。その状態は、両親に経済的余裕ができて、引き取られるまで続いたと言います。スタートは恵まれなかった父ですが、その後、立派に人生とキャリアを築き、世界的な大企業の執行副社長兼ＣＯＯ（最高執行責任者）を最後に引退しました。

父は人生を振り返って、いちばん大切な教えをこう考えているそうです。「自分に対しては真面目すぎず、他人に対しては厳しすぎないこと」。自分や他人の間違いにもっと寛容で、失敗も学習プロセスの一環だと思えればよかった、と。いまの父ならわかるのです。過ちを犯しても、大地が揺らぐことなど滅多にないのだと。そして、それを痛感した出来事を話してくれました。ＲＣＡで働いていた駆け出しの頃、暗礁に乗り上げたプロジェクトがありました。父たちは何日も徹夜して問題解決にあたりました。何週間ものあいだ、解決策を見つけることだけに集中しました。ようやく問題を解決し、プロジェクトを完成した直後、事業計画全体が中止になりました。父たちにとってはプロジェクトがすべてでしたが、ほかの人たちにとっては取り替えのきくものでした。人生に起きることのほとんど、とくに失敗は、そのときの自分が思っているほど大したことではない――この点を何度も思い知ることになったと言います。

成功は甘美だけれど、移ろいやすいものであることも父が教えてくれました。影響力や権威、力のある立場に立てば、大きな恩恵を受けられます。ところが、その地位を去った途端に、そうした特権は消滅してしまいます。「力」は地位に由来します。その地位を外れた途端に、すべてがなくなってしまうのです。だから、自分自身をいまの地位と結びつけて考えてはいけないし、周りの評価も鵜呑みにしてはいけません。脚光を浴びたときは大いに楽しめばいいけれど、時機が来たら、主役を譲る覚悟がなければいけません。自分が会社をやめても、会社は回っていきます。取り替えのきかない存在ではないのです。もちろん、実績は遺産として残るでしょうが、それも時とともに薄れていきます。

現在の父は、命あることの喜びを噛みしめています。数年前、心臓発作を起こし、除細動装置を埋め込みました。命に限りがあることを、つねに意識していると言います。人は、毎日がかけがえがないと頭ではわかっていますが、歳をとったり、生死にかかわる病気をしたりすると、それが実感として感じられます。父は一日たりともおろそかにすまいと、あらゆる機会を生かし、一瞬一瞬をいつくしみながら過ごそうとしています。

この本のヒントになるものはないかと、わたしはありとあらゆる引き出しを開け、クローゼットの中を覗き込みました。現実のものも、頭のなかのものも。その途中で、三〇年あまり捨てずに持ってきた麻布のバッグに行き着きました。六〇センチほどの袋には、自分にとって大切な、長年の「宝物」が詰まっています。二〇歳の頃のわたしにとって、このバッグは数少ない持ち物のひとつでした。大学から大学院へと進み、その後、行く先々でもバッグはいつも一緒でした。滅多に開けることはないけれど、どこにあるかはだいたいわかっています。バッグとその中身は、わたしの過去と直接つながっています。

バッグにはいろいろなものが入っていました。遠くの海岸で集めた何の変哲もない小石や貝殻、高校や大学時代の色あせた写真つきの身分証明書。昔もらった手紙の束、そして、わたしの初期の「発明」。わたしの発明品には、工作用の粘土と時計の電池でつくったLEDのアクセサリーもあります。そのなかに、「実験的な作品」と題した詩を綴った、小さなノートがありました。

わたしがこのノートに書いた詩は、その当時、神経科学の大学院で行なっていた一連の科学実験の裏返しでした。「エントロピー」と題した詩は、自然に湧き出てきました。詩のテーマは、つねに自分を作り変えていくプロセス、ゲームプランを変えるプロセス、何が起きるかわからないなかでリスクを取るプロセスについてでした。この詩を書いたのは一九八三年九月のことです。当時、遠い将来が見通せず、不確実なことだらけで、不安でしかたありませんでした。二五年後のいま、わたしは将来を違う風に見ています。不確実性こそ人生の本質であり、チャンスの源泉だと。正直に言えば、いまだにどの道を行くべきか迷うときがあり、目の前の選択肢の多さにたじろぐことがあります。でも、いまならわかります。不確実性こそが、イノベーションを爆発させる火花であり、わたしたちを引っ張ってくれるエンジンなのだと。

この本の物語で伝えたかったのは、快適な場所から離れ、失敗することをいとわず、不可能なことなどないと呑んでかかり、輝くためにあらゆるチャンスを活かすようにすれば、限りない可能性が広がる、ということでした。もちろん、こうした行動は、人生に混乱をもたらし、不安定にするものです。でも、それと同時に、自分では想像もできなかった場所に連れて行ってくれ、問題がじつはチャンスなのだと気づけるレンズを与えてくれます。何よりも、問題は解決できるのだという自信を与えてくれます。

二五年前に書いた詩を読んで思い出すのは、二〇代の頃、次のカーブに何が待ち受けているのかわからなかったが故に抱いた不安です。将来が不確実なのは歓迎すべきことなのだと、誰かが教えてくれればどんなによかったのに、と思います。この本のなかで紹介した物語が教えてくれているように、予想できる道を外れたとき、常識を疑ったとき、そしてチャンスはいくらでもあり、世界は可能性に満ちていると考えることを自分に許したときに、飛び切り面白いことが起きるのですから。

感謝の言葉

四年前、息子のジョシュが一六歳の誕生日を迎えたとき、大学進学まであと二年しかないのだと、はたと気づきました。そう思うと、わたしが実家を出たとき、社会に出たときに知っていればよかったと思うことを伝えておきたいという気持ちが強くなりました。そこで、わたしが社会で自分の居場所をつくるのに不可欠だと思ったことを、リストにしていきました。この覚え書きは、自分のパソコンのデスクトップに置いておき、別の教訓を思いついたらリストにくわえていきました。数ヵ月経った頃、スタンフォード大学の企業リーダーシップ・プログラムで、学生向けに話をするよう依頼を受けました。そこで、リストの教訓をヒントにしてもらおうと考えました。「わたしが二〇歳のときに知っておきたかったこと」と題した講演では、こうした教訓と、そのヒントをくれた起業家リーダーの短いビデオを見せました。この講演は共感を呼んだようで、ほどなく世界各地から講演依頼が舞い込みました。熱心な反応に気をよくしたわたしは、本を書こうと思い立ち、企画書を書きました。でも当時は多忙をきわめていたため、出版社には送りませんでした。

二年後、わたしはエクアドル出張のため、サンフランシスコ発の早朝の飛行機に乗りました。朝食が出された後、隣の席の男性と話し始めたところ、奇遇にもその人はサンフランシスコにある出版社ハーパーワンに勤めていました。それがマーク・タウバー氏でした。目的地に着く頃には、お互い教育と出版で関心が重なっていることがわかりました。その後もわたしたちは連絡を取り続け、小さなプロジェクトをいくつか手がけました。一年後、「イノベーション・トーナメント」のウェブサイトのリンク先を添付して送ったところ、もっと大学の様子が知りたいと、マークは何人かの同僚を伴いスタンフォードにやってきました。ランチが終わる頃、ハーパーワンのシニア・エディターのギデオン・ウェイルは、わたしの講義から得られた教訓をまとめて本にしたら面白いかもしれないと言い出しました。企画書なら書いてある、とわたしは答えました。とんとん拍子で話は進み、数週間も経たないうちに出版契約を結んでいました。問題は、執筆期間が四ヵ月しかないことでした。

六週間の出張の予定があり、ほかにも山ほど業務を抱えていたので、本を仕上げるには、いままで学んだあらゆる点を利用し、いままで出会ったあらゆる人に頼るしかありません。四ヵ月という短期間でこの本を世に出すために、すべての方々にひとかたならぬお世話になりました。彼らは自分が成し遂げた成功や犯した失敗、落胆したこと、そこから引き出した教訓を快く話してくれました。わたしを励まし、示唆を与えてくれるとともに、刺激的な物語という財産を授けてくれました。

まず、人生とキャリア、そしてそのなかから得られた貴重な教訓を話してくださったすべての方々に感謝したいと思います。リサ・ベネター、ソウジャニャ・ブムカー、スティーブ・ブランク、テレサ・ブリグス、ペギー・バーク、トム・バイヤーズ、デーナ・コルダーウッド、スタン・クリステンセン、サンドラ・クック、マイケル・ディアリング、アシュウィニ・ドーシ、デブラ・ダン、アリステア・フィー、ネイサン・ファー、スティーブ・ギャリティ、リンダ・ガス、ジェフ・ホーキンス、ジョン・ヘネシー、クインシー・ジョーンズⅢ、ジーン・カワジー、ガイ・カワサキ、ペリー・クレバーン、ランディ・コミサー、チョンムン・リー、フェルン・マンデルバウム、カレン・マシューズ、ケヴィン・マクスパッデン、トリシア・リー、ブレイク・ノードストローム、エリック・ノードストローム、エリザベス・ペイト・コーネル、ジム・プラマー、ブルース・ランソン、バーニー・ロス、マイケル・ローテンバーク、デビッド・ロスコフ、リンダ・ロッテンバーク、ジョシュ・シュワルツェペル、ジェリー・シーリング、ジェフ・セイバート、カーラ・シャッツ、ジョン・スティゲルボート、カルロス・ヴィグノロ、クエン・フォン、ポール・ヨック。

スタンフォードを訪れ、体験談を話してくれた起業家リーダーにも感謝したいと思います。STVPアントレプレナーシップ・コーナー・ウェブサイトにある以下の方々の講演を参考にさせていただきました。キャロル・バーツ、ミア・イムラン、スティーブ・ジャーベットソン、デビッド・ケリー、ビノッド・コースラ、マリッサ・メイヤー、デビッド・ニールマン、ラリー・ペイジ、ジル・ペンチナ。二〇〇五年のスタンフォード大学卒業式ですばらしいスピーチをしてくれた、ステーブ・ジョブズの名前も挙げておきたいと思います。

スタンフォード・テクノロジー・ベンチャー・プログラムと工学部のすばらしい同僚も、この本に大いに貢献してくれました。魅力的な人々や機会をたくさん教えてくれ、わたしの人生を豊かにしてくれました。まず、一〇年前にわたしを採用してくれたトム・バイヤーズにお礼を言いたいと思います。トムは卓越したお手本であり、同僚であり、大の親友です。つぎに、すばらしい同僚に感謝したいと思います。フォレスト・グリック、テレサ・リンダ・スティーブンス。そして、この本に貴重なアドバイスをくれたロバート・サットン。ローラ・ブレイフォーグル、キャシー・アイゼンハート、リッタ・カティラ、トム・コスニック、エリザベス・ペイト・コーネル、そして、スタンフォード大学工学部をやりがいのある職場にしてくれたジム・プラマーにも感謝しています。最後に、その厚意により、次世代の起業家を教育するチャンスを与えたくれたＳＴＶＰのスポンサーの方々には、特に感謝しています。

わたしのインスピレーションの源であるハッソ・プラットナー・デザイン研究所、通称Ｄスクールの面々にも敬意を表します。特に以下の方々のお名前を挙げたいと思います。マイケル・バリー、シャーロット・バージェス・オーバーン、リズ・ガーバー、ウリ・ギヴァ、ジュリアン・ゴロスキー、ニコール・カーン、デビッド・ケリー、ジョージ・ケンベル、ジム・ペイテル、バーニー・ロス、テリー・ウィノグラッド。

以下のプログラムで、学ぶ喜びを分かち合ったすべての学生にもお礼を言いたいと思います。メイフィールド・プログラム、バイオデザイン・プログラム、Ｄスクール・ブートキャンプ、サマーキャンプ、そして、クリエイティビティとイノベーションに関するわたしの講義を履修したすべての学生たち。彼らの起業家精神は、つねにわたしの期待以上です。

さまざまな段階で原稿に目を通し、貴重な示唆をくれた方々もいました。ジェイムズ・バーロー、シルヴィン・ベラー、ペギー・バーク、キャサリン・エメリー、キャロル・イーストマン、グレッグ・ガルミサ、ジョナー・グリーンバーグ、ボリス・ロヴィンスキー、パトリシア・ライアン・マドソン、ジュリエット・ローテンバーク、ジェリー・シーリグ、ロレーヌ・シーリグ、ロバート・シーリグ、アナンド・スブラマニ。この方々の意見や提案が、この本に大きな影響を与えています。

こうした方々からは絶大な支援や示唆をいただきましたが、ハーパーワンのギデオン・ウェイルの導きがなければ、この本が日の目を見ることはなかったでしょう。ギデオンはすばらしいコーチであり、よき師であり、優秀な編集者です。会話のたびに新しい発見があり、彼からの電話を心待ちにしたものでした。編集に関しては、リサ・ズニガにもお世話になりました。猛烈なスピードで伴走してくれ、すべての物語について、枝葉を落とし、ニュアンスを変えることなく、詩のように洗練してくれました。そして、何年か前、国境を越える旅の途上で知り合ったマーク・タウバーには特に感謝したいと思います。彼とのいきさつは、会話を始めたら思いがけないことが起きるかもしれない、ということをまざまざと思い起こさせてくれます。

個人的な面では、わたしの教育の基礎を築いてくれた両親に、声を大にして感謝の気持ちを伝えたいと思います。両親は、わたしの生涯のお手本であり、師でもあります。そして、よき夫であり、この本について貴重なアドバイスをくれた夫のマイケル・テネフォスにも感謝します。その日どんなに遅くなっても、わたしが読み上げる原稿に熱心に耳を傾けてくれ、最初の編集者としてつねに率直な意見を聞かせてくれました。貴重な助言をくれ、無条件にわたしを支え、いつも励ましてくれたマイケルには一生頭があがりません。

最後に、息子のジョシュに感謝したいと思います。ジョジュは、わたしが彼の歳に知っておきたかったことをリストにまとめるきっかけをつくってくれました。この四年間、この本で紹介した考え方に思慮深い意見をくれました。息子の深い洞察力には舌を巻くばかりです。この本は、二〇歳を迎える息子への誕生日プレゼントです。ハッピー・バースデー……そして、その先へ！

註

第1章　スタンフォードの学生売ります

1. 赤いクリップのプロジェクトの詳細は以下。http://www.oneredpaperclip.com
2. イノベーション・トーナメントの勝利チームのビデオは、STVPアントレプレナーシップ・コーナーの以下のサイトで視聴できる。http://ecorner.stanford.edu.“tournament”で検索。このサイトには、起業家精神、リーダーシップ、イノベーションに関するビデオ、ポッドキャストが次々に追加されている。
3. 「イマジン・イット」のビデオは、以下で無料でダウンロードできる。http://imagineitproject.com.
4. ビノッド・コースラのビデオは以下で視聴できる。http://ecorner.stanford.edu.
5. スタンフォード・テクノジー・ベンチャーズ・プログラムは、スタンフォード大学工学部内の経営工学・エンジニアリング学科が主宰。プログラムは以下のサイトにある。http://stvp.stanford.edu.このサイトには、STVPのすべての講座、研究プロジェクト、外部活動へのリンクがある。
6. T字型人材のアイデアは、カリフォルニアのパロアルトにある一流のデザイン・コンサルティング会社、IDEOの仲間が最初に教えてくれた。
7. Dスクールのサイトは以下。http://dschool.stanford.edu.このサイトには、ハッソ・プラットナー・デザイン研究所に関する広範囲な情報が掲載されている。

第2章　常識破りのサーカス

1. バイオデザイン・プログラムに関する詳しい情報は以下にある。http://inovation.stanford.edu.
2. ポール・ヨックのビデオは以下のサイトで閲覧できる。http://ecorner.stanford.edu.

3. この2部に分かれた事例研究は、European Case Clearing Houseで入手可能。タイトルは、"The Evolution of the Circus Industry"、"Even a Clown Can Do it: Cirque du Soleil Recreates Live Entertainment."
4. ランディ・コミサーのビデオは、以下のサイトで視聴できる。http://ecorner.stanford.edu.
5. ガイ・カワサキのビデオは、以下のサイトで視聴できる。http://ecorner.stanford.edu.

第3章　ビキニを着るか、さもなくば死か

1. "Selection by Consequences," Science, vol.213, 31 July 1981.
2. ラリー・ページのビデオは、以下のサイトで視聴できる。http://ecorner.stanford.edu.
3. エンデバーの詳細については以下。http://www.endeavor.org.
4. この演習は、スウェーデンのストックホルムにある王立工学研究所で教鞭をとっていたテレンス・ブラウンのプロジェクトに基づいている。
5. アーメン・バージクリーのビデオは、以下のサイトで視聴できる。http://ecorner.stanford.edu.
6. モット・レストランのビデオはユーチューブで視聴できる。

第4章　財布を取り出してください

1. デブラ・ダンのビデオは、以下のサイトで視聴できる。http://ecorner.stanford.edu.
2. この演習をまとめた7分間のビデオは以下のサイトで視聴できる。http://ecorner.stanford.edu. "wallet"で検索。
3. デビッド・ロスコフのビデオは、以下のサイトで視聴できる。http://ecorner.stanford.edu.

第5章　シリコンバレーの強さの秘密

1. GEMのレポート全体は以下。http://www.gemconsortium.com.
2. "Spain's Showy Debt Collectors Wear a Tux, Collect the Bucks," Wall Street Journal, October 11, 2008

3. スティーブ・ジャーベットソンのビデオは、以下のサイトで視聴できる。http://ecorner.stanford.edu.
4. メイフィールド・フェローズ・プログラムのサイトは以下。http://mfp.stanford.edu.
5. ミア・イムランのビデオは、以下のサイトで視聴できる。http://ecorner.stanford.edu.
6. ロバート・サットンのビデオは、以下のサイトで視聴できる。http://ecorner.stanford.edu.
7. ジル・ペンチナのビデオは、以下のサイトで視聴できる。http://ecorner.stanford.edu.
8. キャロル・バーツのビデオは、以下のサイトで視聴できる。http://ecorner.stanford.edu.
9. デビッド・ニールマンのビデオは、以下のサイトで視聴できる。http://ecorner.stanford.edu.
10. マリッサ・メイヤーのビデオは、以下のサイトで視聴できる。http://ecorner.stanford.edu.

第6章　絶対いやだ！　工学なんて女がするもんだ

1. 注意すべき重要な点がある。十分に熱意があるなら、自分の情熱やスキルを活かせる市場を作ろうとする価値がある。大衆の関心を引きつけた新人画家やミュージシャンを考えるといい。クリエイティブで、ひたむきであれば、まったく新しい市場を開拓する道はあるものだ。新しく開発したスノー・シューズで需要を創出したペリー・クレバーンの例は後で取り上げている。

第7章　レモネードがヘリコプターに化ける

1. QD3とMCハマーのポッドキャストは、以下のサイトで視聴できる。http://ecorner.stanford.edu.
2. バスケットボールの選手とムーンウォークする熊の着ぐるみのビデオは、以下のサイトで視聴できる。http://www.youtube.com/watch?v=2pK0BQ9CUHk.

第8章　矢の周りに的を描く

1. この演習は、スタンフォード経営大学院のマギー・ニール教授の演習に基づいている。

2. スタン・クリステンセンのビデオは、以下で視聴できる。http://ecorner.stanford.edu.
3. BATNA（不調時対策案）の概念は、ロジャー・フィッシャーとウィリアム・ユーリーによって『ハーバード流交渉術』で最初に論じられた。
4. Menschはイディッシュ語で、周りから尊敬、信頼され、意見を求められる人物を指す。
5. リンダ・ガスの絵は、以下のサイトで閲覧できる。http://www.lindagass.com. カリフォルニアの水問題に関する新たな絵画シリーズがある。

第9章　これ、試験に出ますか？

1. チョンムン・リーのビデオは、以下のサイトで視聴できる。http://ecorner.stanford.edu.
2. チリのカルロス・ビグノロから聞いたジグソーパズルを使ったゲームにヒントを得て、この演習を考えた。ビグノロのゲームは48時間続く。
3. 2時間の演習をまとめた5分間のビデオは、以下のサイトで視聴できる。http://ecorner.stanford.edu. "puzzle"で検索。

第10章　実験的な作品

1. Embraceチームは、最初の実験では、ワックスではなくマーガリンを使った。マーガリンは安価で入手が容易であり、融点が体温に近い。
2. デビッド・ケリーのビデオは、以下のサイトで視聴できる。http://ecorner.stanford.edu.

解説　「異質なこと」をする能力

三ツ松　新

さて、物語はいかがでしたでしょうか。一〇人いれば一〇個の成功パターンがありますが、人生で成功するためのあなたのパターンは見つかりましたか？

著者のティナ・シーリグ女史は、起業のメッカとも言えるシリコンバレーに近いスタンフォード大学で教鞭をとっており、彼女のコースは全米の起業家育成コースでもトップクラスの評価を得ています。そのため、本書にでてくる数々の物語は起業家の例が多く、なかには自分とはあまり関係がないと感じた人もいたかもしれません。

ただ、どのような職業であっても、今のように変化の激しい時代には、「起業家精神」なくして成功はないでしょう。また、今は起業するつもりなんてまったくないとしても、それこそ未来のことは誰にもわかりません。

日本では一九八六年から、廃業率が開業率を上回っています。つまり、つぶれている会社のほうが産声をあげている会社より多く、この状態が四半世紀も続いています。一九八六年といえばバブル景気が始まる時期で、実はその時、すでに日本経済の老化も始まっていたのです。

バブル当時を知る人からすれば信じがたい話でしょうが、経営学の観点から見れば分かりやすい現象です。企業の成長には普遍的なパターンがあり、横軸に年数、縦軸に売上をとって企業の成長曲線を描くと、Ｓ字曲線と呼ばれるものになります。最初は低成長、それから急成長、そのうち安定成長になり、そのまま何もしないと衰退期に入ります。この企業の成長曲線は、微生物や動植物の成長曲線とまったく同じ軌跡をたどります。企業も自然の法則からは逃れられないわけです。

マクロの観点からＧＤＰ（国内総生産）、株価のどちらを見ても、同じような傾向が見られます。つまり、日本の多くの企業が戦後に創業もしくはリセットされているため、用意ドンで戦後しばらく低成長期が続き、高度経済成長期に入る。そして成長後期のバブルに突入して、ここ一〇年はほとんど成長していません。

こう書くとなんだかお先真っ暗なようですが、実はまったくその逆です。動植物でも産まれる前、芽を出す前は文字通り真っ暗ですが、成長が停滞している状態は新たな成長の予兆です。周りには機会（チャンス）があふれています。

ではそんな時、何をすればいいのか?

ずばり「異質なこと」です。

これが簡単なようで難しい。成長している間はその成長を維持するために、昨日と同じことをより良くすることに注力すればよかった。だから学校教育もそれに対応するようにできていて、私たちは小学校の頃から解答が一つしかない問題を何千、何万と解いてきました。誤解のないように付け加えると、この方法が悪いわけではありません。問題が明確で、正確で連続的な作業が要求される場ではきわめて有効で、これはどんな時代でも必要な能力です。

ただ、成長が停滞している、あるいは衰退している時に、昨日と同じことをしていたらどうなるでしょうか? そのまま停滞、衰退し続けるだけです。そこを打破するには、学校で教えてもらった能力の上に、さらに新しい能力を身につける必要がでてきます。

この新しい能力が、まさにこの本の根幹にある「起業家精神」であり、世の中のために勇気を持って「異質なこと」をする能力です。これは、実際に起業するしないにかかわらず必要です。アメリカでは弁護士業務の一部をインドにアウトソースしているくらいで、士業のようなプロフェッショナル・サービスですら昔のように資格をとって看板をあげれば仕事がくるというほど甘くありません。

起業家精神というとなんだか仰々しいですが、ひるむことはありません。あなたも産声をあげてからこれまで〝成長曲線〟をたどってきたわけですから、立派な〝起業家〟と言えるでしょう。親の目から見れば生きているだけで世のためになっています。もし起業家精神がないと感じるようであれば、それは忘れてしまっただけです。

ピカソの言葉に「ラファエロのように描くのに4年かかったが、子供のように描くのに一生かかった」というのがありますが、私たちはみんな色鉛筆を持ってチャレンジするように産まれてきたのです。でもピカソですら、その能力を忘れずに磨き続けるには相当の努力が必要なようです。

諏訪東京理科大学の篠原菊紀教授によれば、遺伝子的に、ドーパミン第四受容体の遺伝子内塩基の繰り返し数が多いほど「新奇探索傾向」が強く、セロトニンが少ないと「損害回避傾向」が強まるそうです。ちなみにある調査では、新奇探索傾向の強い日本人が7％であるのに対してアメリカ人は40％、損害回避傾向の強いアメリカ人が40％であるのに対して日本人はなんと98％だったそうです。日本の経営者だと、たとえば本田宗一郎氏は新しモノ好きで冒険を恐れない数パーセントのうちの一人でしょう。もしあなたもそうなら、日本のスティーブ・ジョブズを目指してがんばれ！

しかし、では私たち日本人の大多数はどうしたらいいのか？　情熱をたぎらせても、ロジカルシンキングの訓練をしても、やはりアメリカ人と同じようにはならないでしょう。

私自身、幼少期をアメリカのニューヨークで過ごしましたが、小さい頃から平気で危険な遊びをする子供が多かったように記憶しています。また外資系企業に一〇年勤め、数々のグローバルプロジェクトも経験してきましたが、彼らと同じ土俵で、同じルールで、真っ向から戦ってはいけないということは経験則からも感じます（同じ土俵で、同じルールで勝負することを推奨する人が多いのは重々承知していますが）。

私たち日本人がダメだと言っているわけではありません。日本のように農耕文化で外敵の侵略が少ないと、動き回るより同じ場所にいたほうが富は蓄積し、生存確率は高くなる。その結果、そうした遺伝子を多く持った人が何千年もかけて生き残ったのでしょう。見方を変えれば、大きなリスクを取らず、おいしそうな話に乗らないことに関しては、私たちはエリート集団です。キッザニアでも日本の子供はやたらと貯金好きだそうで、ネガティブに言う人もいますが個人的には微笑ましいと思う。

もしあなたが大きなリスクやグローバルな戦いなど、大きな話になんとなく違和感を覚えるなら、それはあなた一人ではありません。そんな時は、あまり横文字に踊らされることなく自分なりの「異質な方法」をとればいいのです。

たとえばハイリスク・ハイリターンも、みんなでやればリスクは下がります。個人レベルではリターンも下がりますが、１０００億円を10人で分けることに抵抗のある人はあまりいないでしょう。

独創性を持たないことで開かれる道もあります。徹底的に既存のものを改良するイノベーションも大いに結構。これはインクリメンタル・イノベーションと言われたりしますが、日本が誇るトヨタ自動車が最も得意とするイノベーションです。ＱＣサークルを通した改善活動がまさしくそうですが、これはもはや芸術の域に達していて、その結果「独創的」になっているとも言えます。

最悪なことがあるとすれば、自分はリスクが取れない、自分には独創性がないと悩んでしまい、動けなくなることです。仲間を集め、常に新しい既存の物を探し、改良を続ける「異質な道」の開き方もあります。たとえサルまねと言われようが引いてはいけない。ニュートンですら「自分は巨人の肩の上に乗っているから、遠くが見えるだけだ」と言っています。まさに模倣なくして創造なし。

白紙に時間と成功を軸とした成長曲線を描くとすれば、成功の定義を決めるのは自分自身です。描ける曲線は万人万色で、自由なのです。

そして、自分なりの最初の一歩を踏み出せば——もう物語は始まっています。

（みつまつ・あらた／イノヴェティカ・コンサルティング代表）

■著者

ティナ・シーリグ　TINA SEELIG

スタンフォード大学医学部で神経科学の博士号を取得。現在、スタンフォード大学工学部に所属するアントレプレナー・センター、スタンフォード・テクノロジー・ベンチャー・プログラムのエグゼクティブ・ディレクター。さらに、スタンフォード大学の経営工学・エンジニアリング課程やハッソ・プラットナー・デザイン研究所でアントレプレナーシップとイノベーションの講座を担当。全米の起業家育成コースのなかでも高い評価を得ている。幅広い分野の企業幹部を対象に、頻繁に講演とワークショップを行なっている。

■訳者

高遠裕子　たかとお・ゆうこ

翻訳家。主な訳書に、コーエン『インセンティブ』(日経BP社)、グリーンスパン『波乱の時代』、ボシディ他『経営は「実行」』、ガースナー『巨象も踊る』(日本経済新聞出版社)、ストローン『地球最後のオイルショック』(新潮社)、ライズ他『勝ち馬に乗る!』、トラウト『無敵のマーケティング 最強の戦略』、コッチ『80対20の法則 生活実践篇』(阪急コミュニケーションズ)などがある。

20歳《さい》のときに知《し》っておきたかったこと

スタンフォード大学《だいがく》 集中講義《しゅうちゅうこうぎ》

2010年3月25日　初　　版
2011年4月19日　初版第21刷

著　　者　ティナ・シーリグ
訳　　者　高遠裕子
発 行 者　五百井健至
発 行 所　株式会社阪急コミュニケーションズ
〒153－8541　東京都目黒区目黒1丁目24番12号
電話　販売(03)5436－5721
　　　編集(03)5436－5735
振替　00110－4－131334

印刷・製本　図書印刷株式会社

ISBN978-4-484-10101-9
Printed in Japan